はじめに

細いだけでない、
10年先も美しい脚のために

若い女性であれば、すらりと伸びた美しい脚は誰もが憧れるもの。そして最近は、脚の形を気にしている男性も多く見かけます。

美しい脚は、同時に、素晴しい機能を備えた脚でもあります。

そして高齢者の中には、一生自分の脚で歩き、旅行をしたりして人生を楽しむことが理想だという方も多いのではないでしょうか？

医師になった初めの10年間、当時私の所属していた大学の研究室は膝の研究を中心にしていました。私も乳幼児のO脚に装具をつけて矯正したり、中学生の脚の骨を切ってまっすぐに治す手術をしたり、高齢者の人工膝関節などなど、膝や脚のことばかり考える毎日を送っていました。

膝が曲がると、膝ばかりでなく腰や首などいろいろなところが痛くなります。そうして運動するのも億劫になり、だんだんと身体が衰えていくこともあります。

そしてたどり着いた答えは、

「脚の健康は身体全体の健康につながる」ということです。

脚は骨盤から続く身体全体の土台です。脚が変形している陰には、身体の歪みが潜んでいます。

この歪みを丁寧に取っていくと、脚は自然にキレイになるのです。

脚の理想の形と使い方を知れば、ずっと健康で美しく素敵な脚でいられます。

そしてそれは、人生を何倍も楽しむということにもつながります。

いくつになっても健康でいてほしい。そんな願いからこの本は、何歳からでも始められるようにつくってあります。

脚を大切にし、いたわってあげる意識を持つ。

脚の真実を本書を通して知ることで、正しいケアを行って、トラブルのない健康で素敵な生活を送っていただきたい。それが私の願いです。

2011年7月

中村 格子

あなたの脚、細ければ、本当にキレイに見える?

「キレイな脚になりたい女性」なら誰でも一度は思うはず。
でも、 細い脚=美脚なのでしょうか?

痩せてただ細いだけの脚は10~20代前半だったら、憧れの対象かもしれません。しかし、細いだけでぽっこりと膝が出ているような脚は、おばあさんの脚のように見えます。ある程度年齢を重ねると、メリハリのある脚がセクシーで魅力的になります。

そして脚には、「身体全体を支えて歩く」という、とても大切な機能があります。どこかが痛む脚では、バランスよく素敵には歩けません。

つまり「美脚」に必要なことは、単なる細さではなく、〈メリハリとしなやかな筋肉〉なのです。

このメリハリは、脚全体と身体の形が整っていれば自然に手に入ります。

まずは形を整え、「理想の脚の形」をつくる。
痩せるのは、それから。
それが、しなやかなメリハリ美脚をつくるコツです。

理想の美脚とは?

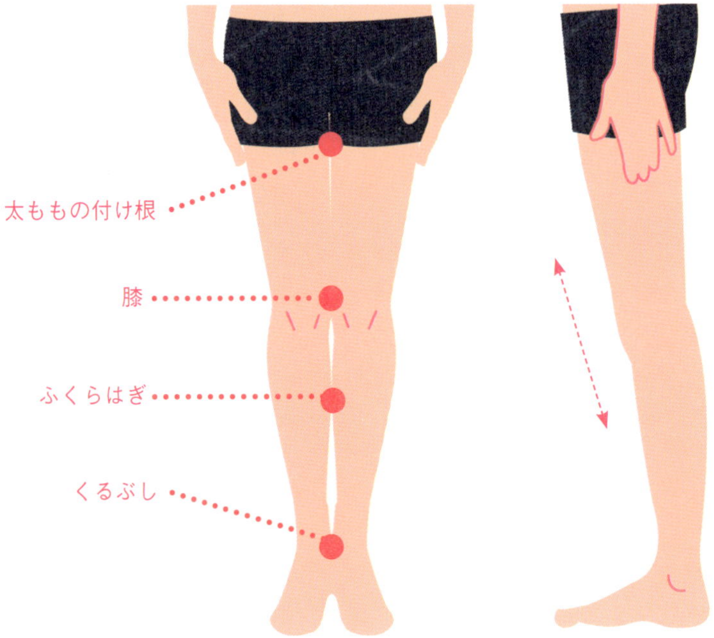

「美脚の条件」

まっすぐに立ったとき、正面から見て太ももの付け根・膝・ふくらはぎ・くるぶしの4点がつき、横から見て膝がしっかり伸びていることが理想

本書を使う前に

自分の脚を愛そう

「美脚になりたい」と思っているあなた。毎日自分の脚がどんな状態か、見たり、触ったりしていますか？　美脚は自分の脚を毎日愛することから始まります。

脚は意外にも毎日の体調を映し出します。

また、一日の中でも朝と夜で太さが変わることもあります。

下半身の太い女性で「私って水を飲んでも太るの」と言う方は多いですね。

水を飲むから太るのでしょうか？　いいえ、違います。

いろいろな条件が重なり、脚から水が排泄されにくい体質になっているのです。脚がむくむと血行が悪くなり、肌がくすみ、疲れやすくなります。そして、水だけでなく、だんだんと硬くなった脂肪（セルライト）が溜まっていきます。セルライトが溜まると、さらにむくみやすくなっていきます。

本書には、こんな悪循環からきちんと抜け出せる方法が詰まっています。

毎日、自分の脚を愛して、しっかり正しいケアをしてあげれば、形も皮膚もどんどんキレイになります。

さあ、キレイな脚で、健康美脚美人を目指しましょう！

まずはセルフチェック

チェックⅠ

鏡の前で左右のかかととつま先を合わせて立ってみましょう。

4ページでご説明した「美脚の条件」（正面から見て太ももの付け根、膝、ふくらはぎ、くるぶしの4点がつく、横から見て膝がしっかり伸びている＝写真①参照）にご自身の脚が当てはまるかチェックしてみましょう。

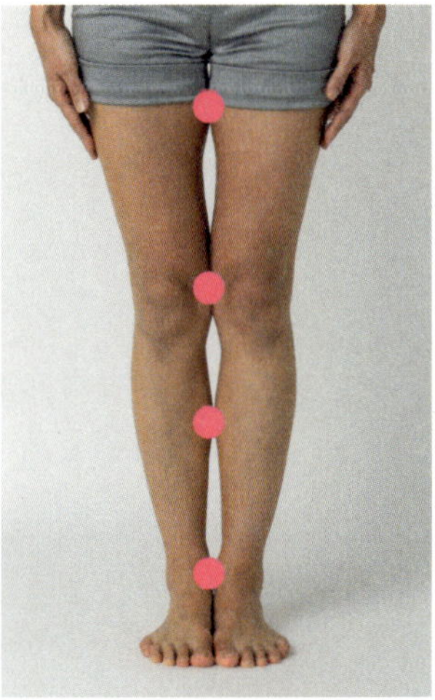

写真①

チェックⅡ

さて、膝を曲げ伸ばしするたびにポキポキ音がしたりしませんか？　膝を正常に曲げ伸ばしできるかチェックしてみましょう。

こぶし2個分に脚を広げて立ってみます。そこから上体を倒さずにゆっくり膝を曲げてみましょう。

正しい筋肉バランスであれば、膝を曲げたときにお皿(膝蓋骨《しつがいこつ》)の真ん中が、ちょうど足の人差しゆびか中ゆびの上にくるはずです（右ページ写真②参照）。

膝が内側に入っている人は骨盤や下肢の筋肉バランスが崩れています（写真③参照）。

本書のエクササイズをしっかり行い、理想の機能と美しさを備えた脚をつくっていきましょう。

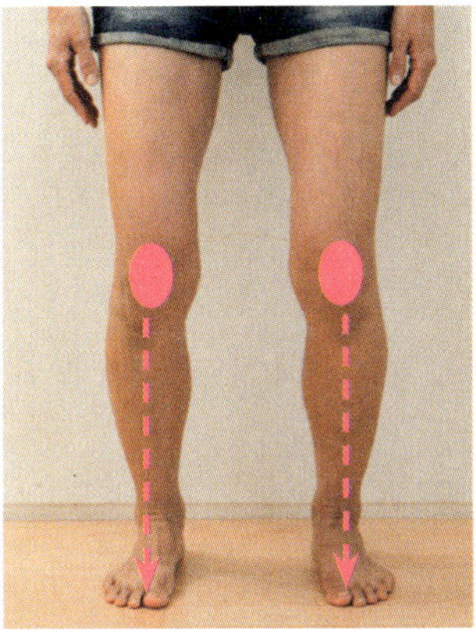

写真②

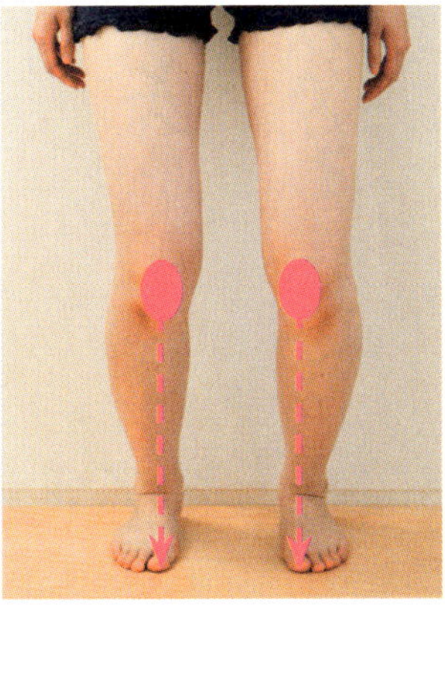

写真③

チェックⅢ

エクササイズを始めたら、鏡でチェックするとともにときどきサイズを測ってみましょう。

このエクササイズは最短2週間のコースですが、その前後で、ぜひメジャーで9ページのイラストのポイント4カ所を計測してみてください。なぜなら、効果がより実感できて大きな励みになるからです。

ただし神経質になる必要は一切ありません。

もちろん毎回でなくてもかまいません。巻末の達成シートを使って測ってみましょう。

大丈夫、きっと嬉しくなるような結果が待っていますから。

●正しい計測の仕方

・骨盤の幅の一番広いところ（ヒップ）を計測

・太ももとふくらはぎの一番太い部分を計測

・足首の一番細い部分を計測

・メジャーによって若干の誤差があります。計測するときは毎回同じメジャーを使いましょう

いまのあなたを知りましょう

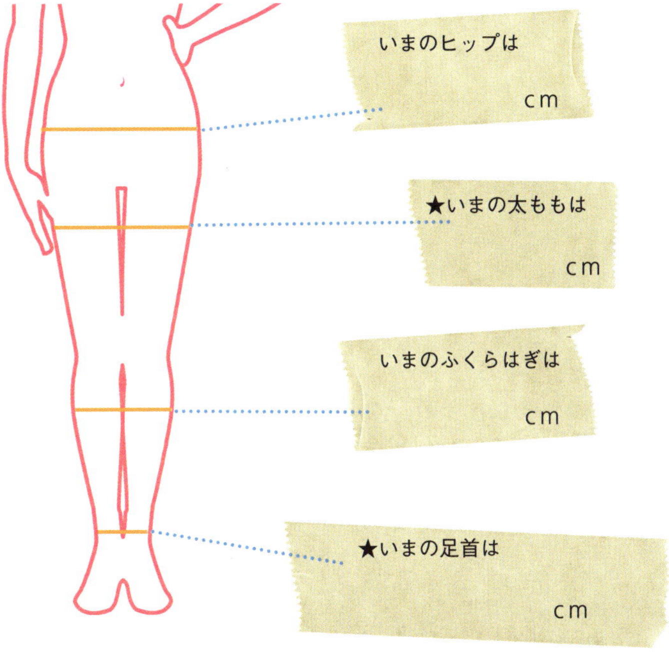

★印の項目は、できれば積極的に計測していただきたい
項目です。

contents

●エディトリアルスタッフ
ブックデザイン＝福田和雄（FUKUDA DESIGN）
写真（カバー、扉）＝小川孝行（七雲）
本文写真＝Yuuji（ALIAフォトグラフィックスタジオ）
編集協力＝中村起子
イラスト＝李　佳珍
読者モデル＝鈴木由佳利、渡部奈美

●協力
砂山靴下株式会社（http://www.sunayama-socks.com/carelance/shiseibito/）
ドクター・ショール（http://drscholls.jp/）
ニチバン株式会社（http://www.nichiban.co.jp/）
株式会社クラランス（http://jp.clarins.com/）

［注意事項］

＊本書は、健康な成人を対象に作成しています。エクササイズをして痛みが生じた場合は、一旦中止して専門医にご相談ください。また、通院中の方は主治医にご相談の上ご使用ください。

＊効果のあらわれ方には個人差があります。

Part 1

細くなりたいだけですか?
それとも、「キレイな脚」に
なりたいですか?

あなたのやっている、その美脚ケア、効果ありますか？

さて、「キレイな脚になりたい！」と思っているあなたは、いままでどんなことをしてきましたか？

ランニング？　スクワット？　あるいは「1日○分で脚がみるみるキレイになる！」と謳った商品を通信販売で買ったかもしれません。

いろいろな方法を試したものの、なかなか思うように脚がキレイにならず、「脚は身体の中で一番細くなりにくいところ。私の脚はもう太いままかも……」なんて諦めてしまっているかもしれません。

脚がキレイにならないという方で、次ページの7項目のいずれかに該当する方は、日常生活での姿勢や脚の使い方に問題がある可能性が高いので、エクササイズをしながら、歩き方や座り方などにも気をつけてみましょう。

Part 1

●脚がキレイにならない7つのタイプ●

- □ 靴のかかとの外側ばかりが減る
- □ 30秒脚を閉じていすに座れない
- □ 脚や腕を組む方向がいつも同じだ
- □ 1週間のうち運動も歩くこともほとんどしない
- □ 脚がむくみやすい
- □ 足や足のゆびにトラブルを抱えている
- □ なかなか足にあった靴が見つからない

上記の項目にひとつでも当てはまる方は、そこに美脚を阻む原因があります。

これらを解決してバランスの良い身体をつくると、自然に脚は美しくなっていきます。

◎２週間でもバッチリ効果が目に見える！

これからご紹介するのは“マジカル「美脚」エクササイズ”です。
「マジカル」な理由はびっくりするほど簡単なのに、効果は抜群だから。でも、その内容は医学的にしっかり裏付けられています。

マジカル「美脚」エクササイズでは、まず脚の形を崩す骨盤から足先までの筋肉のアンバランスを正常に整えます。きつい筋肉トレーニングは一切ありません。
これにより、余計な筋肉がついていない、あなたが歩くのに理想的な美しい脚を手に入れることができます。

では、マジカル「美脚」エクササイズの内容をお話しする前に、なぜこのメソッドがそんなに効果的なのか、医学的な理論も交えてご説明しましょう。

まず、ランニングやマシンエクササイズとマジカルエクササイズがどのように違うのかを、比較してみましょう。

◎あなたはどんな脚になりたいですか？

マジカル「美脚」エクササイズ	バランスと形と循環を重視。適度な筋トレ	なめらかな、メリハリすらり美脚	
ランニング	形は無視。主に遅筋を鍛える	筋肉質で皮下脂肪の少ないアスリート脚	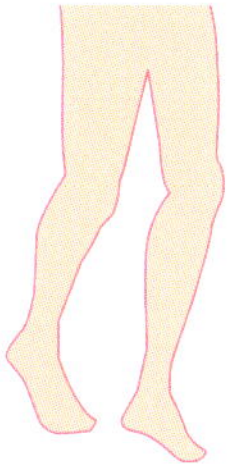
スポーツジムでのマシンエクササイズ	バランスは無視。主に速筋を鍛える	ウェイトリフティング選手のような太くて強い筋肉脚	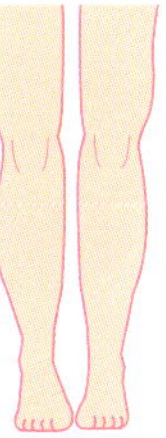

人間の身体は、運動を始めて2～3週間くらいで変化し始めます。つまり、少なくとも2週間は続けないと、効果が見られません。

マジカル「美脚」エクササイズ、まずは2週間試してみてください。

本書は、こんな私でも大丈夫

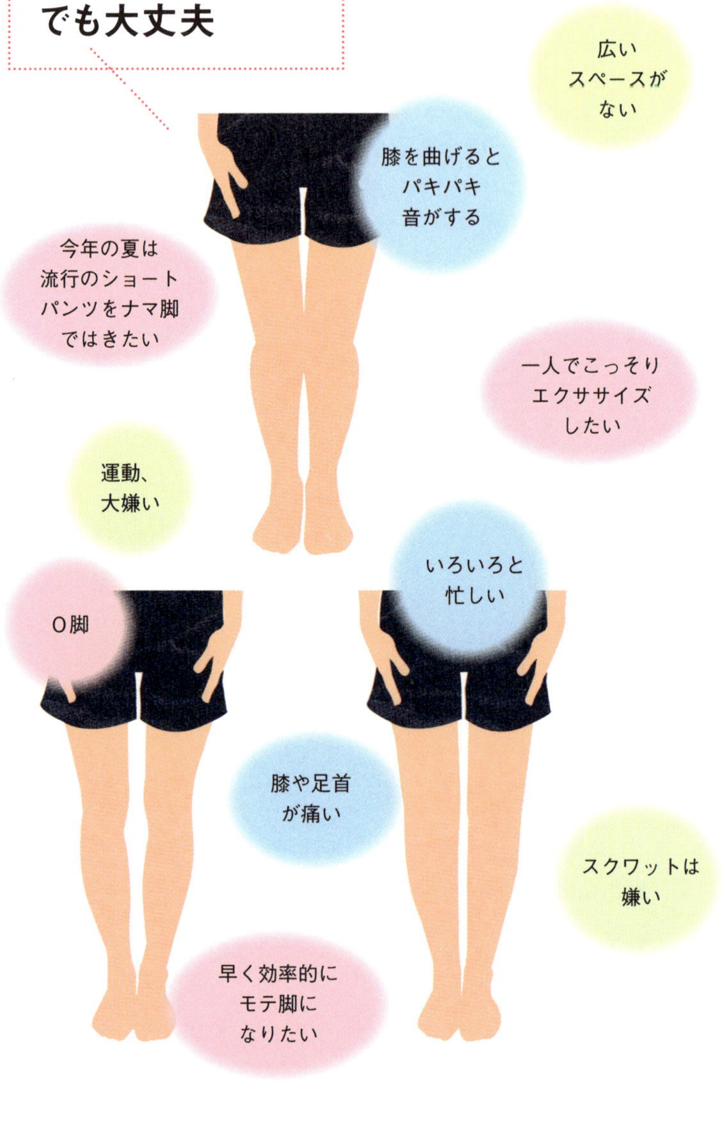

広いスペースがない
膝を曲げるとパキパキ音がする
今年の夏は流行のショートパンツをナマ脚ではきたい
一人でこっそりエクササイズしたい
運動、大嫌い
いろいろと忙しい
O脚
膝や足首が痛い
スクワットは嫌い
早く効率的にモテ脚になりたい

ただ細いだけじゃない、「キレイで若々しい脚」はいくつになっても手に入る!

さて、美脚と言われる理想の脚と、そうでない脚はどのように違うのでしょうか？　一言で言ってもそのタイプはさまざまです。

美しい脚のポイントは
①正常なアライメント[*]とそれについたしなやかな筋肉
②正常な血行・リンパの流れによるむくみのない脚

なのです。
そして、肉のつき方は、姿勢によって変わってきます。

＊アライメントとは医学用語で「骨格の並び方」のことを言います。正しいアライメントは姿勢を整え、同時に機能を最大限に引き出してくれます。逆に悪いアライメントはいろいろな痛みの原因になります(21ページ参照)。

では、悪い例をご紹介しましょう。

膝が曲がっていると、歩くたびに左右に身体の軸がぶれてしまいます。そうなると膝全体が使えず、特定の部分ばかりを使うようになるため膝の内側が痛み出したり、腰や足の裏が痛くなってきてしまいます。また、バランスを取るために腰が曲がり、頭や首が前に出てしまいます。

でも、逆に言えば、

アライメント（骨格の並び方）を正しくするだけで、姿勢も良くなり、同時にプロポーションが改善する、ということでもあるのです。

では、脚のさまざまなタイプを22〜23ページで解説していきましょう。

ご自身の脚と比べながら、イラストをご覧ください。

たとえあなたの脚が「理想型」でなくても、理想の脚に近づけることは可能です。

ここで覚えておいてほしいことは、

美脚＝健康

だということです。そして、あらゆる「曲がり」は「痛み」につながります。

◎アライメントの重要性

聞き慣れない言葉かもしれませんが、医学の世界では、骨格の並び方を「アライメント」と言います。

このアライメントは筋肉や荷重のバランスによって変化していきます。

正常な脚の角度は外側の角度(FTA:femorotibial angle)が174度程度（右図参照)。

これより大きくなるとO脚になり、体重が外にかかることで、膝の内側に負担がかかり痛みの原因になります。

また、外側の角度が小さくなるとX脚になり、体重が内側に入ることで膝の外側が痛くなります。

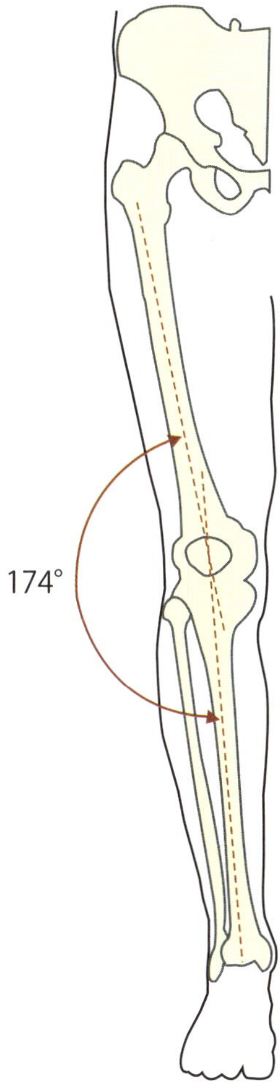

◎あなたの脚はどのタイプ？

A

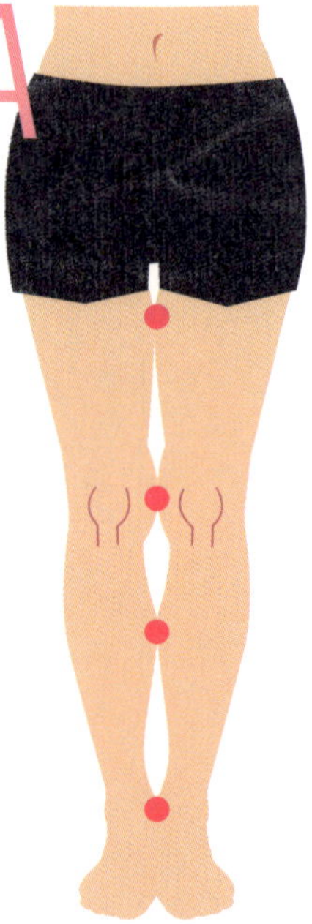

理想型

正面から見ると太ももの付け根・膝・ふくらはぎ・くるぶしの４点がついています。重心が膝・足ともに中心にかかっているので安定しています。見た目もキレイ。

B

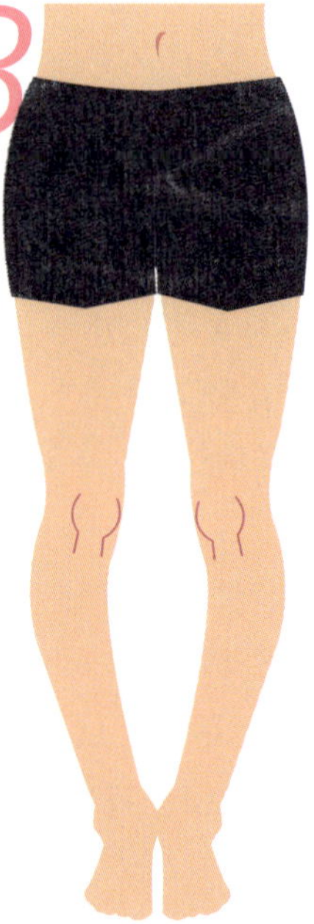

見せかけＯ脚

生まれ持った脚はキレイなのに、骨盤周りと背骨の筋肉が弱いためにＯ脚になっているタイプ。若い日本人に多いです。お皿が少し内側を向いているのが特徴です。下腹部の筋力が落ちていることが多くおなかがポッコリ、太ももも太く見えます。姿勢が悪く腰痛や肩こりが多いタイプです。

C

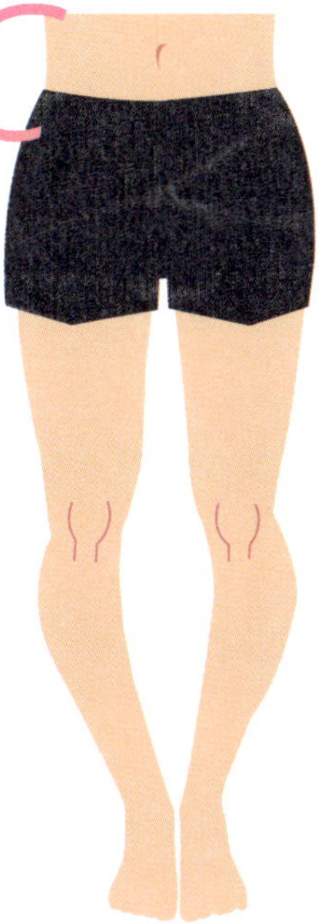

D

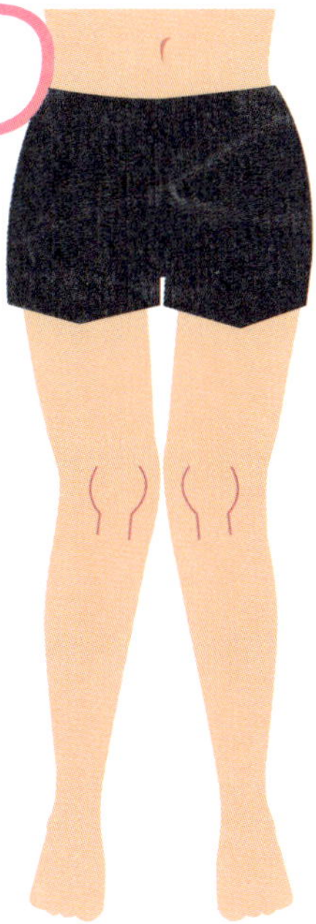

O脚　（下腿彎曲）

比較的和式の生活が多く下腿が彎曲した骨格的なO脚。年配の日本人に比較的多いタイプです。膝の内側に痛みが出やすいです。また、アキレス腱や脚の後ろが固く、膝が曲がりやすいため、左右に身体を振って歩く傾向があります。

X脚

膝はつくけれど、脚が外反して足のくるぶし同士がつかないタイプ。肥満の人や欧米人に多いタイプです。膝の外側が痛くなる場合もあります。

美容と深い関係。
みんなが気になる「骨盤」の話

よく「骨盤が歪んでいる」という言葉を耳にします。

でも、どこかでそう言われて病院に来た人の骨盤のレントゲン写真は、全く正常な場合が多いのです。

実は「歪んでいる」とは「骨盤についている筋肉のバランスが悪い」ということなのです。

骨盤には、股関節を動かすいくつかの筋肉があります。

そしてこの筋肉は、姿勢を決めていくうえでとても重要な筋肉なのです。

とくに股関節を外回しに（外旋）する外旋筋群や、内側に寄せる(内転)筋が弱いと股関節はだらしなく広がって、いわゆる「骨盤が開いた」と言われる状態になります。

つまり、この骨盤の筋肉が、脚のアライメントを決めるうえで非常に重要なのです。

実は、これらの筋肉に目を向けて股関節のバランスを整えると、不思議なくらい脚はキレイになってくるのです。

正常な骨盤

梨状筋・外閉鎖筋といった外旋筋群や内転筋が働き骨盤が安定ししっかりしている。

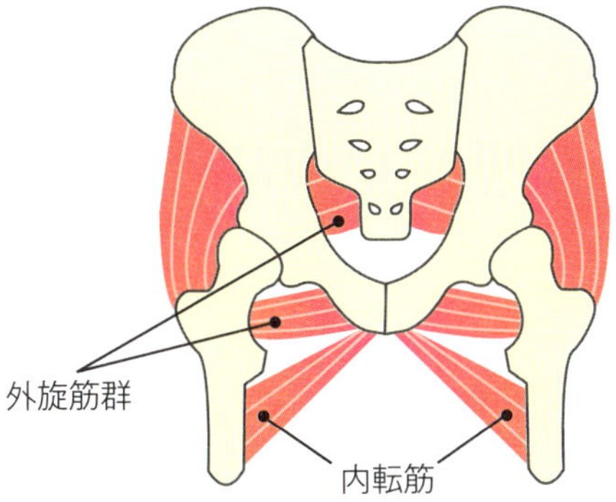

力が弱く開いた骨盤

外旋筋・内転筋が弱く骨盤が傾き不安定。股関節もねじられるため開いた状態に。

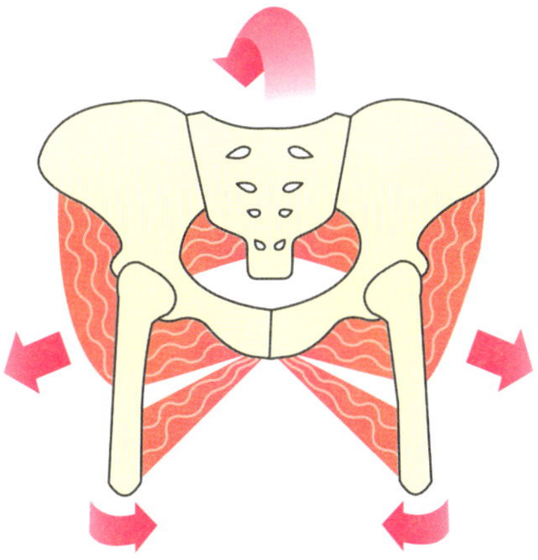

美脚をつくる4つの鍵

　では、一生しなやかでメリハリのある美しい脚であり続ける、絶対に譲れない４つの鍵とは……

ポイント①
伸筋を鍛えて、ずっと「若くてキレイ」！

　前作「マジカルエクササイズ」でもお話ししたように、伸筋は若さの象徴です。

　バレリーナのポイントをした脚を見てみましょう。誰もが美しいと思うはずです。これは、きちんと足のゆび先まで伸びる力が効いているからです。

　伸筋を意識して、しっかり伸ばすことで、姿勢も自然と良くなり、美しい脚とボディラインが手に入ります。

ポイント②
骨盤を鍛えて長い脚に魅せる

美脚と骨盤の深い関係は24～25ページでお話ししましたが、ご存じのように脚は骨盤から始まっています。

骨盤の形を無視したエクササイズでは美脚は到底手に入りません。

骨盤の形が整えば、キュッと締まった高いヒップから長く伸びやかな脚に流れる美しいラインをつくることができます。そしてそれは身体の土台を整えて、健康になることでもあるのです。

アスリートの場合は、骨盤を整えることによって、より効率的に動けるようになります。たとえ運動をしない方でも、骨盤の形が整えば腰痛や膝痛などいろいろな痛みを予防できます。

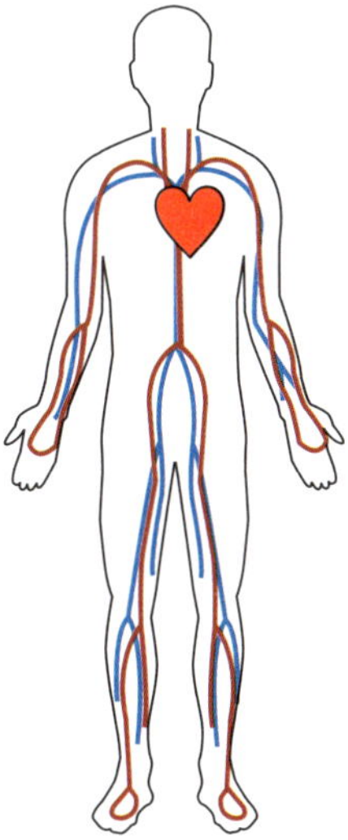

ポイント③
リンパの流れと血行を良くして疲れ知らずの美脚に

脚は「第二の心臓」と呼ばれます。

脚に血液やリンパが溜まると、脚の形が醜くなるだけでなく、疲れて重く、脚がだるくなり、場合によってはさまざまな痛みを引き起こします。

脚の健康のためにもこれらの循環を良くすることはとても大切です。

ポイント④
深い呼吸でつややか美肌＆ストレスフリー

呼吸がいかに若さを保つのかは前作でお話ししたのでご存じの方も多いと思いますが、実はセロトニンを出して姿勢を保つこと以外に、もうひとつ大切なことがあります。

それは、「浅い呼吸では酸性に傾きやすい身体が、深い呼吸によってアルカリ性に補正される」ということです。

ストレスの多い状況では呼吸は浅くなります。浅い呼吸は身体を酸性に傾け、肌荒れやむくみ、くすみの原因にもなります。

一日わずかな時間でもしっかり深い呼吸をする習慣をつくり、ストレスのない、ツヤ肌をキープしましょう！

◎読者モデルのビフォー☆アフター

26年間、膝がついたことがなかったという読者モデルのWさん。マジカル「美脚」エクササイズを1時間みっちり実施したところ……。

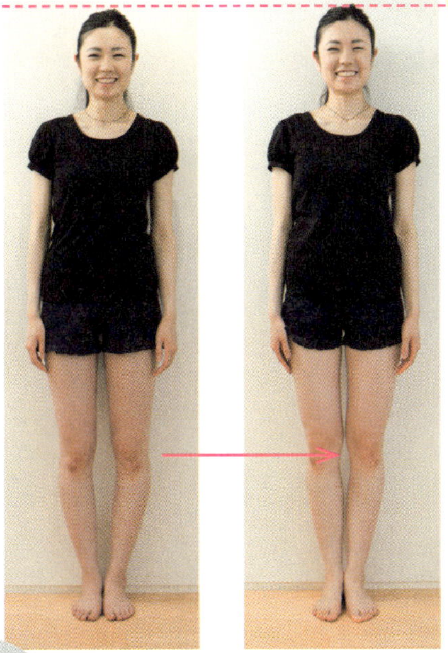

膝とふくらはぎが初めて、くっつきました！（驚）
身長もわずかにアップ！

Wさんが生まれ持った脚は、キレイなまっすぐ脚。でも骨盤力の弱い、バランスを崩した「見せかけO脚」でした。この程度のO脚なら早ければ数時間、長くても数日でキレイなまっすぐ脚になります。ただし、骨盤力がアップするまでは元に戻るので、しっかり続けることが大切です。

エクササイズ
ポスターの使い方

巻頭に、本書で紹介しているエクササイズの内容がひと目でわかる「エクササイズポスター」をつけました。

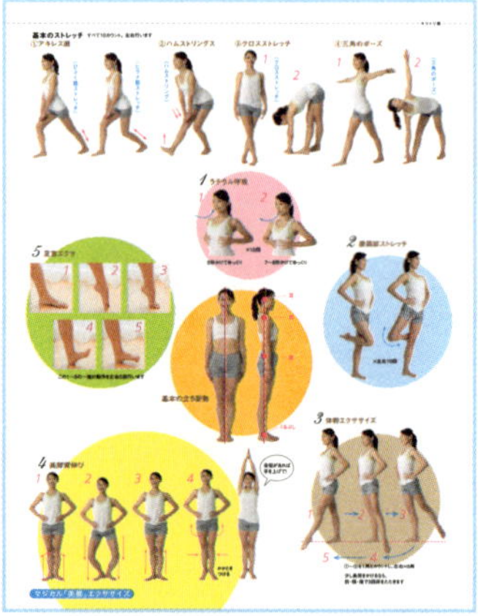

切り取り線で切り取って、冷蔵庫やバスルーム、ベッドルームなどエクササイズを行いやすい場所に貼ってお使いください。

どこに貼っても邪魔にならないコンパクトサイズにまとめてあります！

◎本書で使用している字句について

本書では、「脚」と「足」について、医学的な呼び方に基づき文字を使い分けています。また、同様の理由から、足のゆびは「ゆび」、手のゆびは「指」と表記しています。

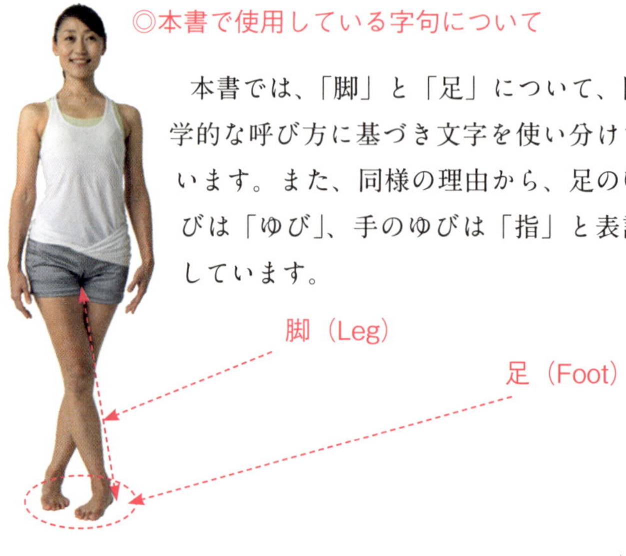

Part 2

2週間でメリハリ美脚を
手に入れる

マジカル「美脚」エクササイズ

〈美脚コース編〉

膝が痛くても、腰が痛くても
問題なし!
2週間でしっかり効果!

さて、いよいよエクササイズをご紹介しましょう。

痛くて辛い動作や人前でできない見苦しい動きは一切ありません。

狭い住宅でも、オフィスの給湯室でもできるし、特別な道具や着替えも不要な簡単お手軽エクササイズです。

まずは2週間、続けてみてください。

きっと「あれ、痩せた？」「最近キレイになったね」と周りのお友達から言われることでしょう。

準備するもの

①服装：身体がラクに動かせるものであれば、何でもOK（パジャマでも、普段着でも大丈夫です！）

②場所：寝転がったりする動きはありません。畳一畳分くらいのスペースがあれば十分です

③やる気：きちんと効果が出るから大丈夫。信じて、明るく楽しい気持ちで続けてください

④タオル、マッサージ用の小さなボール（ゴルフボールなど）2個

コース説明

このテキストは、メリハリ美脚をとにかく短時間で手に入れたい方のための「美脚コース編」と、さらにしなやかでつややかな美脚をキープするための「セルフケアコース編」に分かれています。

まずは、美脚コースから始めましょう。

もちろん、デートやパーティーを2週間後に控えていて、「早くしっかり効果を出したい！」という場合は両方行っていただくほうが効果的です。

セルフケアコースは脚をいたわる毎日のケアです。

毎日のケアが「ツヤ肌美脚」をつくります。諦めず、じっくり続けてみましょう。

さあ、10年先までキレイな脚で、素敵な人生を歩きましょう。

メリハリ美脚、最初は
ストレッチから

基本のストレッチ① アキレス腱

下半身のストレッチはしなやかな美脚づくりには欠かせません。とくに脚の形を悪くする後ろの筋肉はしっかり伸ばします。

＜ひふく筋ストレッチ＞

1 脚を前後に開き、後ろの膝をまっすぐ伸ばしてかかとをおろします

2 かかとをつけたままゆっくり身体の重心を前のほうへ

3 ゆっくり呼吸をしながら10カウント。左右行います

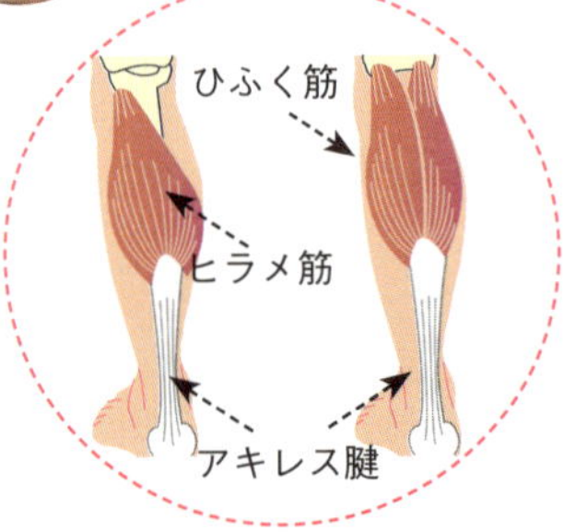

＜ヒラメ筋ストレッチ＞

1 脚を前後に開き、後ろの膝を少し曲げてかかとをおろします

2 ゆっくり呼吸をしながら10カウント。左右行います

基本のストレッチ②　ハムストリングス

「ハムストリングス」とはもも裏の筋肉のこと。キレイな膝のラインをつくります。

＜ハムストリングス＞

1 脚を前後に開き、前のかかとをつけて足を反らし、膝をしっかり伸ばします

2 背筋を伸ばしたままお辞儀をするように身体を前に傾けます。ゆっくり呼吸をしながら10カウント。左右行います

基本のストレッチ③　クロスストレッチ

このストレッチは脚をクロスして行うことでO脚の原因になりやすい大腿二頭筋や腓骨筋など外側の筋肉をしっかり伸ばします。

＜クロスストレッチ＞

1　脚を前後にクロスして立ちます

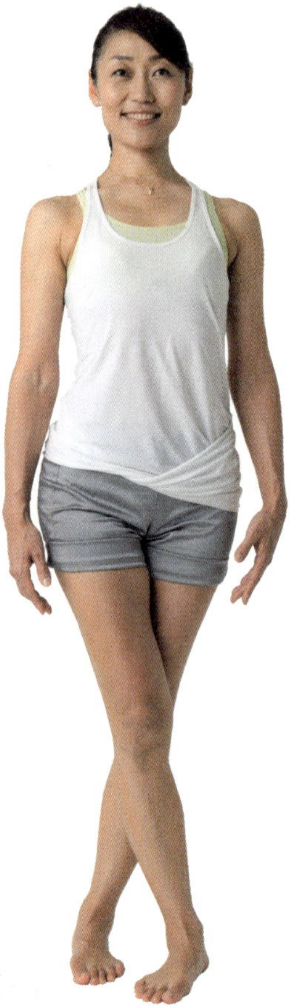

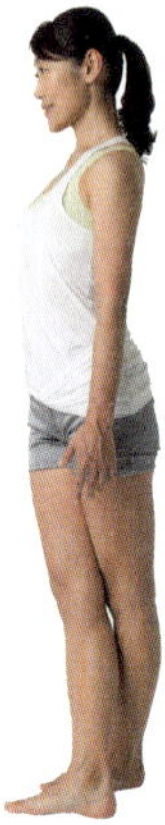

2　そのまま前屈します。気持ちよく脚の筋肉が伸びていることを感じながら10カウント。左右組み替えて行います

基本のストレッチ④　三角のポーズ

ヨガの三角のポーズを少し簡単にしたこの動きでは身体の後ろの斜めのラインを伸ばしてバランスを整えます。慣れないうちは辛くない範囲で行いましょう。

〈三角のポーズ〉

1 脚を前後に開き両手を広げます

2 両手は開いたまま前脚と同じ側の手を下げて上体をひねり、顔は上の指先を見ます。10カウント、左右行います
（できる人は、さらに身体を逆にひねってもOKです）

〈美脚のためのストレッチ４種〉

脚の後ろには背中から足底までつながる筋膜があり、これらのバランスが悪いと脚が外側に引っ張られて、どんなにエクササイズしても脚の形が良くなりません。エクササイズの前に必ずストレッチを行いましょう。４種類のストレッチが全部できない場合でも、アキレス腱などは気がついたときに伸ばしてあげましょう。

魅せる！　美脚のヒミツは軸づくりから

基本の立ち姿勢

かかとをつけて、まっすぐに立ちます。とくに、横から見たときに耳、肩、腰、くるぶしが一直線上になるように。腰が反らないように注意しましょう。

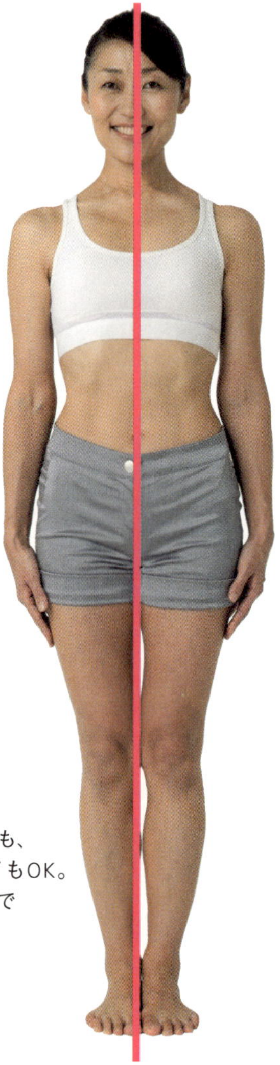

足は揃えても、
軽く開いてもOK。
ラクな姿勢で

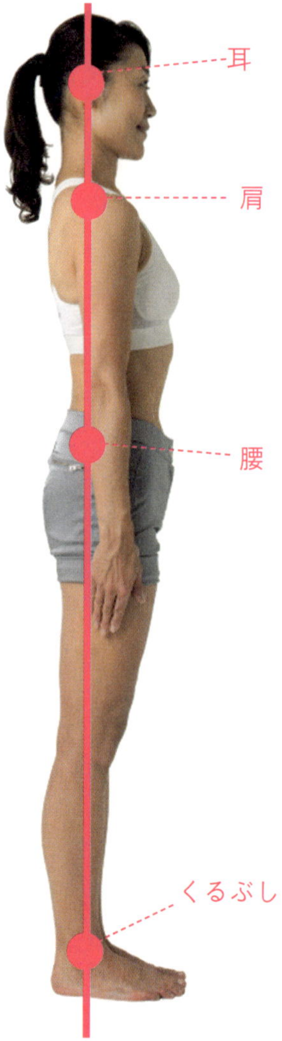

足の裏の意識を高める

　まず基本の立ち姿勢をマスターします。身体の軸が決まっていると姿勢が良くなるだけでなく自然とインナーマッスルが使えるので太りにくい身体になります。左右対称で横から見たときに耳・肩・腰の中心・くるぶしが一直線上になります。このとき重心は足の中央に乗っていますが、さらに図の3点（母趾球・小趾球・かかと）に均等に体重が乗っていることを感じましょう。

　慣れない方はつむじが上からまっすぐに引っ張られて、身長が1cm高くなるイメージで立つと良い姿勢が取りやすいでしょう。

　最初のうちは全身鏡に映しながらやってみましょう。

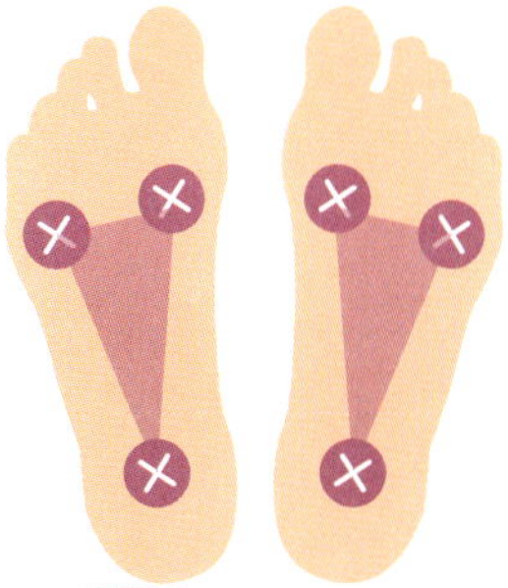

姿勢を抜群に美しくするラテラル呼吸

1 かかとをつけて、
まっすぐに立ちます

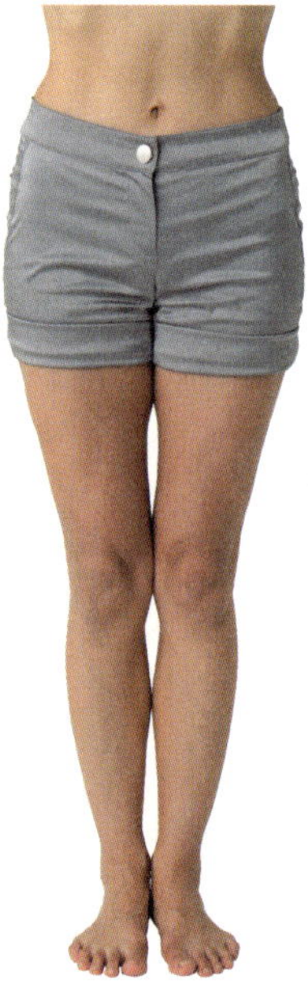

2 肺いっぱいに息を吸いながら、胸を広げていきます(5秒かけてゆっくり)。
横隔膜が動くのを感じて

3 「う」の口で少しずつ息を吐きます（7〜8秒かけてゆっくり）×10回

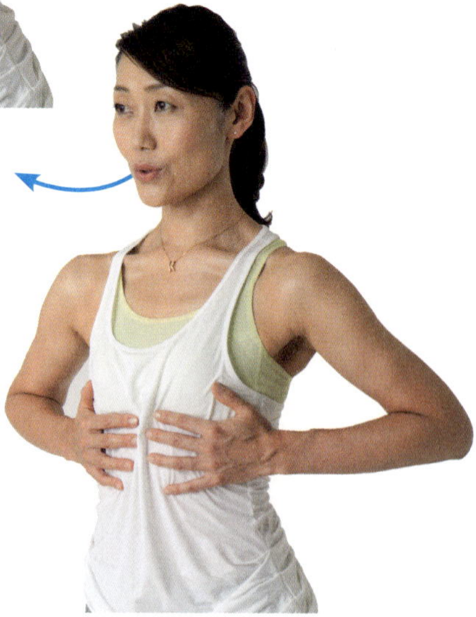

＊本書で紹介しているストレッチ、エクササイズを行う際は、この「ラテラル呼吸」を意識すると、より効果的です

深い呼吸で姿勢と肌を美しく

ラテラル呼吸は、美しい姿勢をキープするための基本運動です。

おなかには、横隔膜や腹斜筋、腹横筋という、肋骨についているインナーマッスルがあります。ラテラル呼吸をすることで、肋骨が大きく広がっては縮むという動作が行われます。

その際に、インナーマッスルも伸びたり縮んだりする動きを同時にします。これらを動かすことで、内臓が正しい位置に整い、背筋が伸び、姿勢も正しくなるのでウエストが細くなります。

〈深い呼吸が大切なさらなる理由〉

呼吸が浅いと身体の中の二酸化炭素の濃度が増加し、身体 ph バランスが崩れて酸性に傾き、肌のくすみ、冷え、むくみなどにつながります。
良い姿勢とともにむくみのないキレイな肌を手に入れましょう。

骨盤を整えて
美脚をつくる準備をする

1 腰に手をあて、片脚で立ちます

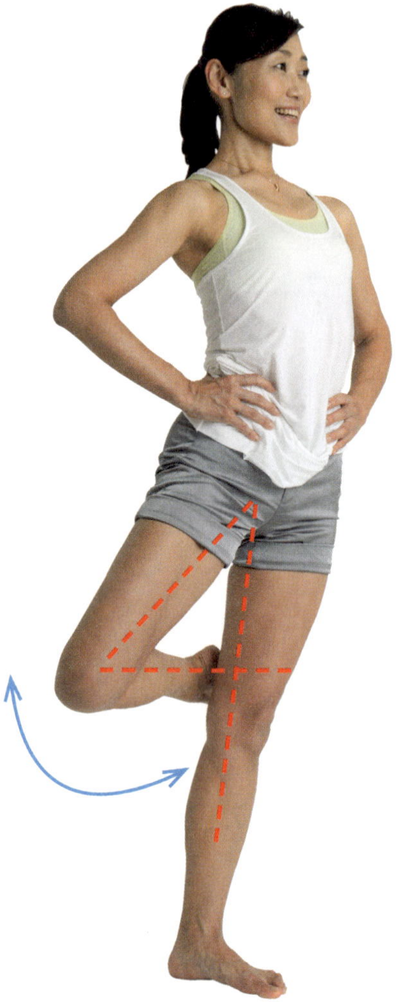

2 軸脚でないほうの膝を曲げ、脚で数字の「4」を描くイメージで動かします
×左右10回

股関節ストレッチで、臀筋をほぐして脚むくみ解消！

この動きは「マジカルエクササイズ」でもすでにおなじみの動きですが、美脚づくりには欠かせません。股関節を前後に内・外旋させることで骨盤のインナーマッスルを刺激して歪みを整えていきます。

また、股関節の動きをスムーズにすることで、下半身の血行も良くなります。血行が良くなれば脚のむくみも解消できます。

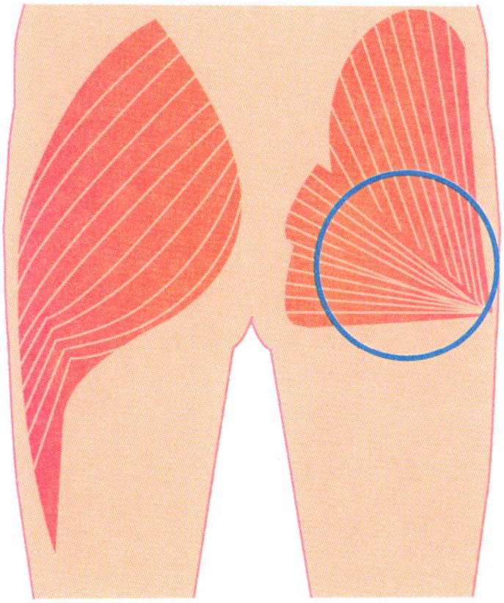

股関節のインナーマッスルを刺激して歪みを補正し、めぐりの良い骨盤に！

姿勢が整う
体幹エクササイズ

1 基本の立ち姿勢から片脚を少し上げながら前に伸ばします

2 そのまま横に伸ばします

3 後ろに伸ばします

少し負荷をかけて効果アップ！

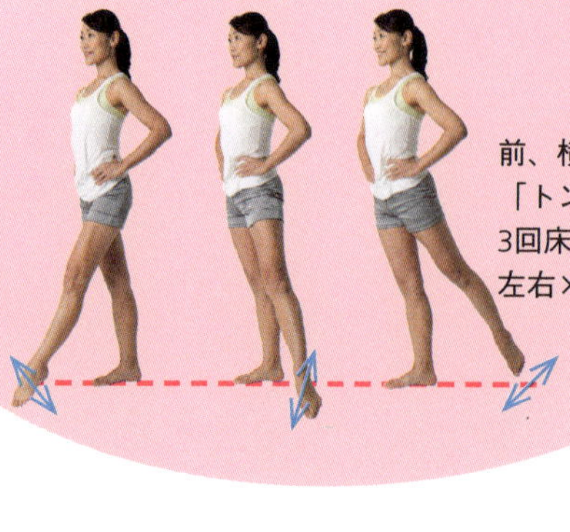

前、横、後ろで「トントントン」と3回床をたたきます。左右×3周

4 横に
戻します

5 前に
戻します

①～⑤を1周
とカウントし、
左右×5周

タンデュの動きで美脚をつくる

身体の軸を動かさずに脚だけを動かすようにします。脚を大きく動かすよりも、脚を一本の棒のように伸ばして、身体を動かさずにコントロールすることを意識しましょう。身体の軸をぶらさずに片脚でしっかり立つことは、すべての運動の基本です。
これはバレエの「タンデュ」という動きに似ていますが、誰でもできるように工夫してあるので大丈夫。美脚になるポイントが満載の動きです。
ヒップが上向きになって立ち姿がキレイになるだけでなく、長時間立っていても疲れづらくなります。

背伸びで美脚！信じられない新事実

ただの「背伸び」ではありません。5つのポイントを押さえて「美脚背伸び」のコツをマスターしましょう。

1 脚を45度位に開きます。そのとき膝のお皿の中心と足の人差しゆびは同じ方向に向くように。足首だけがターンアウトしないように注意します

お皿とゆび先は
同じ方向に

2 軽く膝を曲げおろします。上体はまっすぐのまま

かかとは
つけたままで！

3 一旦、元の位置へ戻ります

4 次はかかとをつけたまま背伸びをします。お尻の力で膝を寄せるような感覚で！
×10回

かかとは
つけたままで！

余裕がある人は手をあげてやってみましょう。壁を使うとやりやすいですよ

かかとが離れてはNGです

〈美脚背伸びのコツ〉

この動きは股関節の伸展と外旋を組み合わせた、脚を股関節からキレイなアライメントにする効果のあるエクササイズです。
膝を足のゆびと同じ方向の外に向けたまま寄せていきますが、膝自体の力ではなく、お尻の力で外に回すように寄せることを意識してみましょう。

「膝から下が気になる人用」誰にも教えたくない足首エクササイズ

足首の太さに関係が深い足のゆびの曲げ伸ばしをする筋肉の運動です。しっかり動かしましょう。

1 片足を一歩前に出します

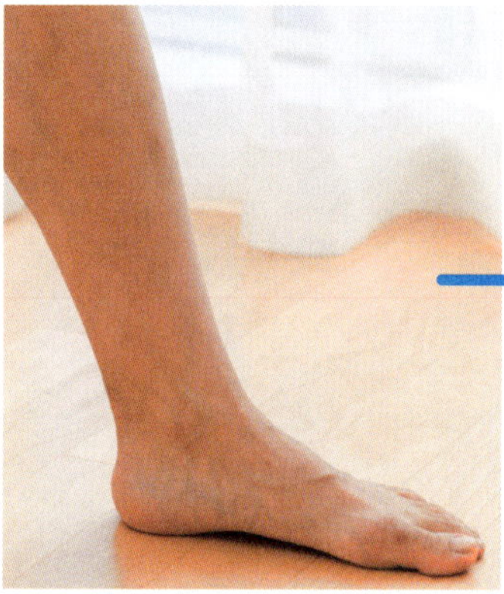

2 足首とゆび全部を伸ばしてポイントします

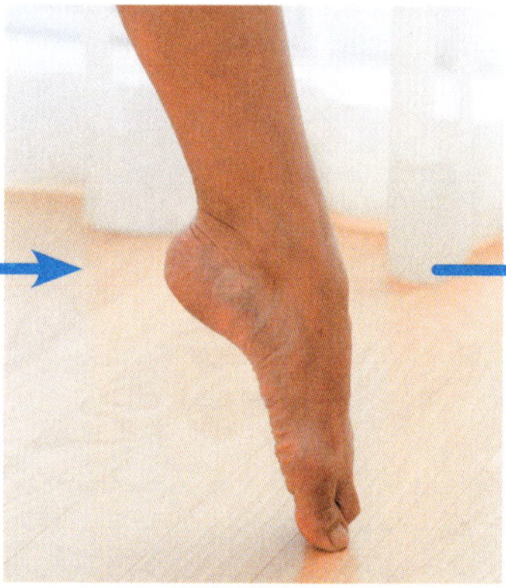

5 かかとをつけて全部のゆびを曲げます。ゆびを伸ばして元の位置に戻します

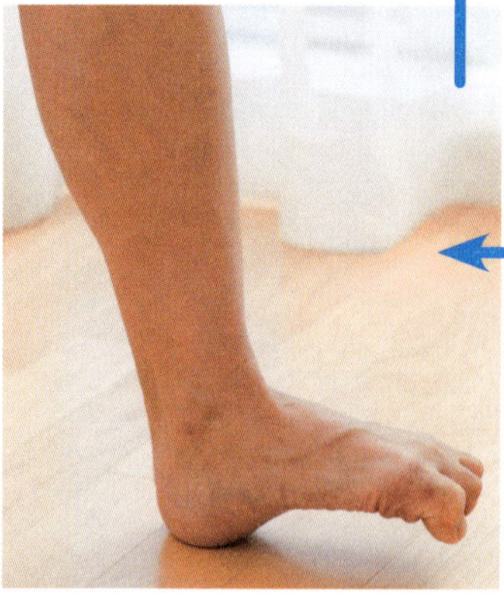

4 ゆびは反らしてかかとを地面につけます

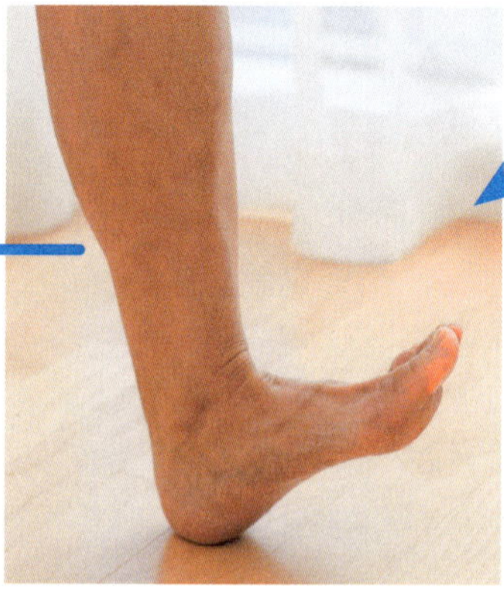

この1〜5の一連の動作を左右5回行います

3 足首は伸ばしたままゆびは反らして

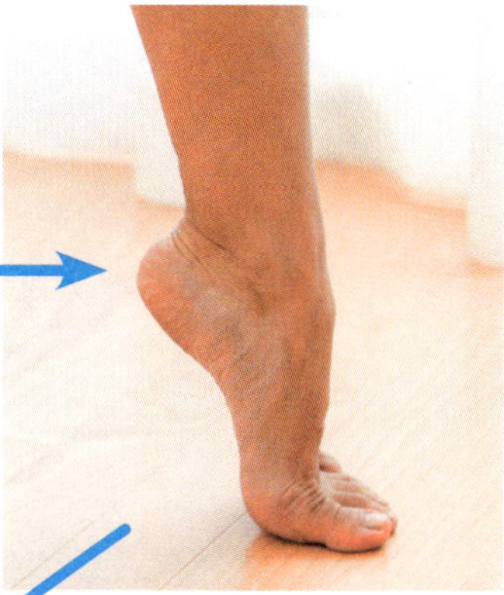

この動きは電車を待っているときやオフィスの机の下でも簡単にできるエクササイズです。

最初は動きが難しく感じるかもしれませんが、慣れてくれば簡単。

従来のふくらはぎや足首のエクササイズとして提唱されている「カーフレイズ」をするよりも、驚くほど簡単に、足首とふくらはぎが細くなるヒミツのエクササイズです。

健康のための足づくり

足ゆびじゃんけん

足のゆびでグー、チョキ、パーを繰り返します（5回）

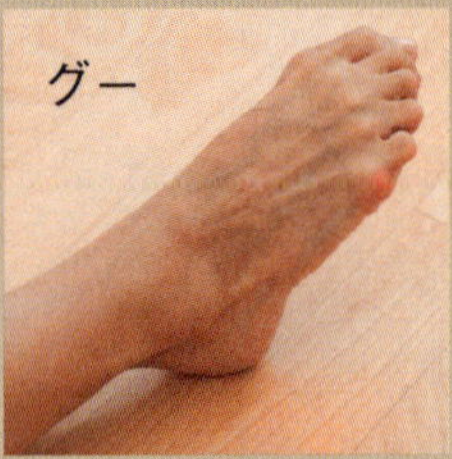

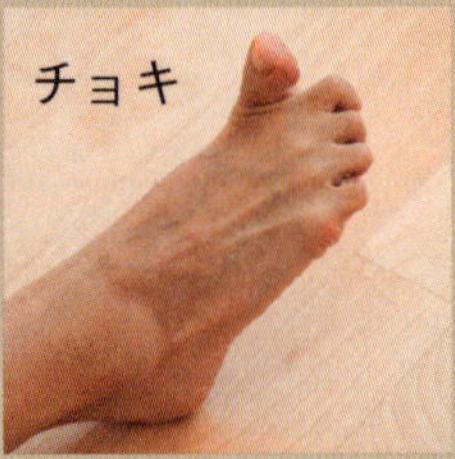

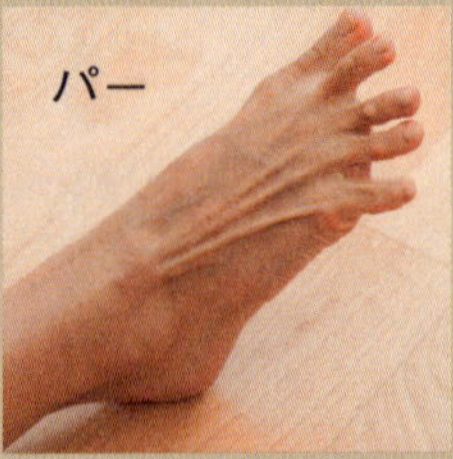

パーをしたときに足のゆびが反らずにしっかり広がるように意識して

タオルギャザー

1 フェイスタオルを縦に置きます

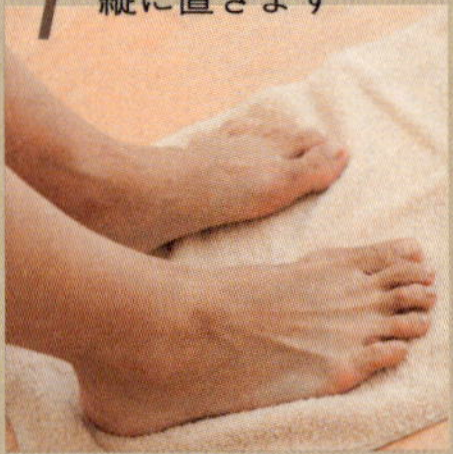

2 タオルを自分の足で手繰り寄せます

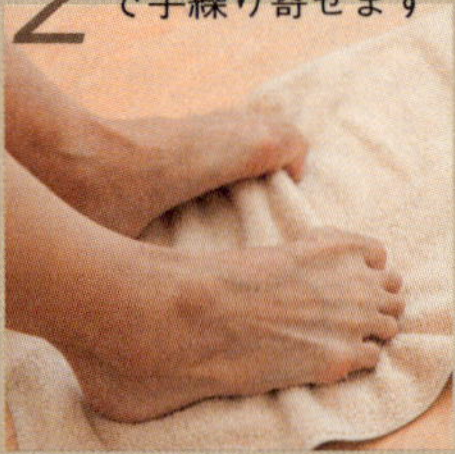

3 端まで来たら完了

慣れないうちはお風呂でタオルを濡らしてやってみましょう

足裏ほぐし

ゴルフボール２個をテーピングテープでつなげるか、子ども用のソックスなどに入れて足の内側と外側のアーチをほぐします。

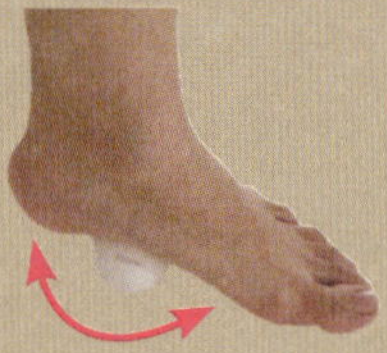

ストレッチ、エクササイズの前にほぐしても効果的です

Part 3

2週間でメリハリ美脚を手に入れる

マジカル「美脚」エクササイズ

〈セルフケアコース編〉

おうちでできる憧れのリンパドレナージュ

お風呂上がりなど、温めた状態で行うと効果的です。

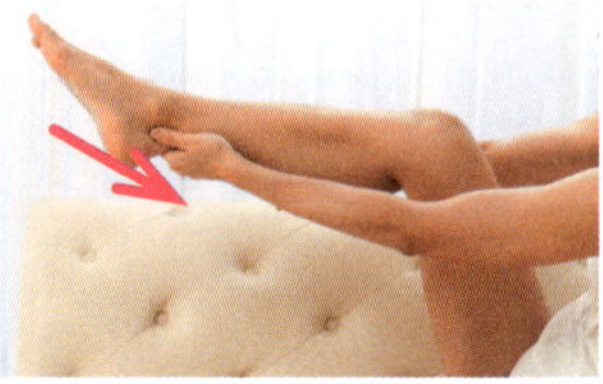

1 足〜足首

足の裏からくるぶしの後ろまで軽く押しながら手を滑らせます

2 ふくらはぎ内側・裏側

親指で脛（すね）の骨の後ろ側に沿って押しながら、両手全体を使ってふくらはぎ全体を押し上げるように上に滑らせます

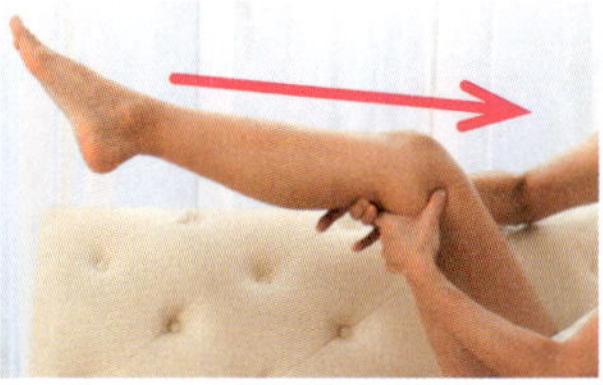

3 膝の内側

膝の裏と内側のリンパを流すようにしっかり押し上げます

4 大腿・そけい部

太ももの内側をさすって、そけい部（股の付け根）まで押し上げるように流していきます

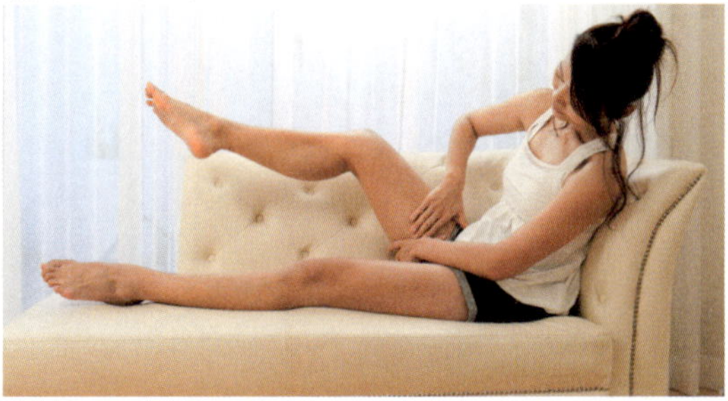

自分でできる！
簡単美脚のツボ押し

脚のむくみを取ったり脚を細くするツボです。
リンパドレナージュと一緒に行うとさらに効果的！

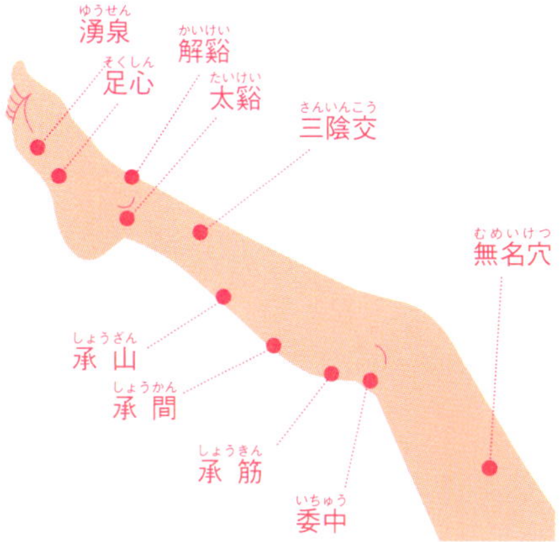

湧泉（ゆうせん）	足のゆびを曲げたときにくぼむところ。身体の疲れやだるさ、肥満、腰痛にも効果あり
足心（そくしん）	足の真ん中にある。むくみ解消
解谿（かいけい）	足首の関節の前面中央。代謝を高め、足首を細くする効果あり
太谿（たいけい）	内くるぶしの後ろでアキレス腱の前のへこんだ部分にある。解谿同様、代謝を高め足首痩せに効果的
三陰交(さんいんこう)	足首内側のくるぶしよりやや上の部分。循環を促し、むくみを取る。内臓や生理痛など女性特有の症状にも効果あり
承山（しょうざん）、承間（しょうかん）、承筋（しょうきん）	ふくらはぎの中央に縦に3つ並んでいる。脚の筋肉に溜まる老廃物(むくみの原因)の蓄積を防ぐ効果あり
委中（いちゅう）	膝の裏側の中央。脚の疲れやむくみを取り除く
無名穴(むめいけつ)	太ももの内側中央部、押すと痛いところ。代謝や血行を改善し、太ももの余分な水分や老廃物を取り除く

みんなが知りたい
セルライトケア

格子先生オススメの
むくみ＆セルライトケアコスメ

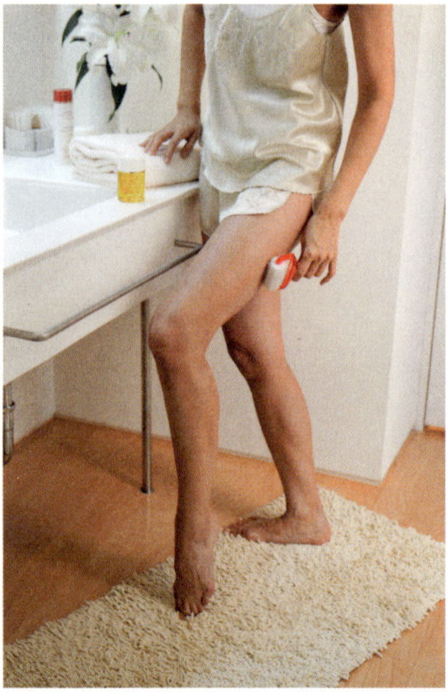

1 気になる部分をローラーで少し痛いと感じるくらいに揉みほぐしていきます。お風呂の中でやってもいいですよ

水分の代謝を促し、下半身のむくみを防止するボディオイル“アンティオー”（左）。余分な脂肪排出を促進する成分が入ったクリームジェル“リフトマンスール ハイ ディフィニシオン”（右）（ともにクラランス）

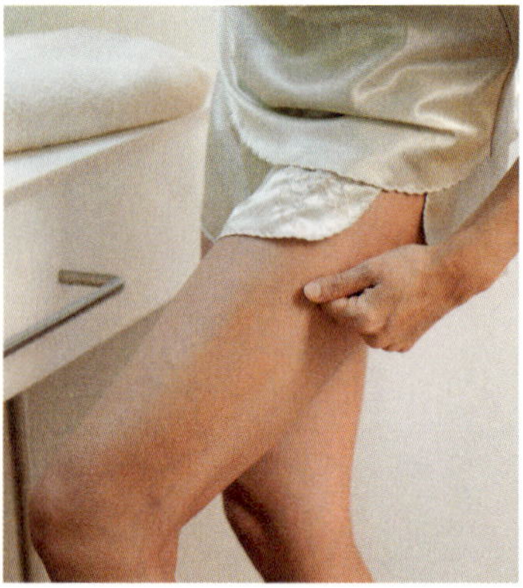

2 ローラーが無い場合は手のこぶしを使って揉みほぐしてもOK！

◎セルライトとは？

セルライトとは、簡単に言うと老廃物に囲まれた脂肪の塊のことです。

皮膚をねじるとカッテージチーズのように浮き上がってくる、あれ、です。

痩せてもなかなかなくならないのがセルライトです。

セルライトが多くなると肌の表面がデコボコして脚全体の形を崩します。

セルライトができてしまったら、早めに揉みほぐしてリンパドレナージュで流します。

→もっと詳しくセルライトのことを知りたい人は「知っておきたいセルライトのこと　p.67へ」

★先生の指導の元、26歳、読者モデルが美脚づくりに挑戦★

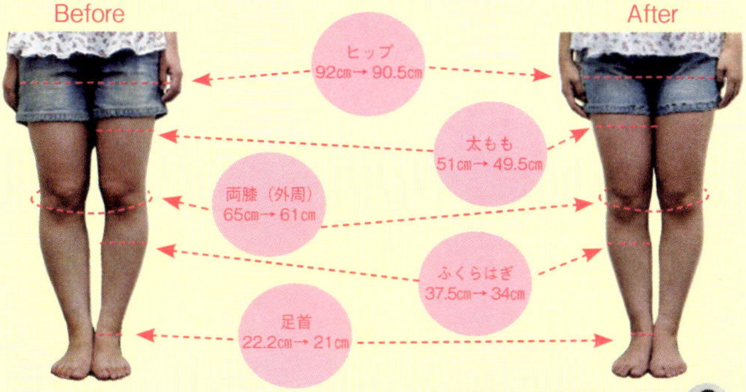

感想：食事制限は一切せず、マジカル「美脚」エクササイズの〈美脚コース〉と〈セルフケアコース〉を２週間行いました。少しも辛くなかったので、これからも、ぜひ続けていきたいです！

O脚が改善したので脚が長くなり、むくみも改善してだいぶサイズダウンしました。この写真ではわかりにくいですが、セルライトもしっかり落ちてきています。まだまだキレイになるので、ぜひ続けてください！

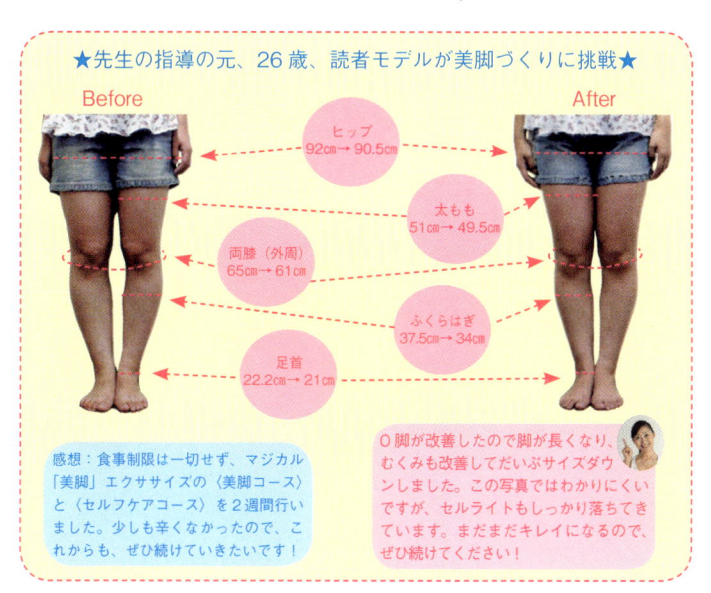

ヒミツのナイトケア
美脚は夜につくられる！

むくみ脚の人は睡眠用の着圧ソックスを履けば翌朝スッキリ脚に。

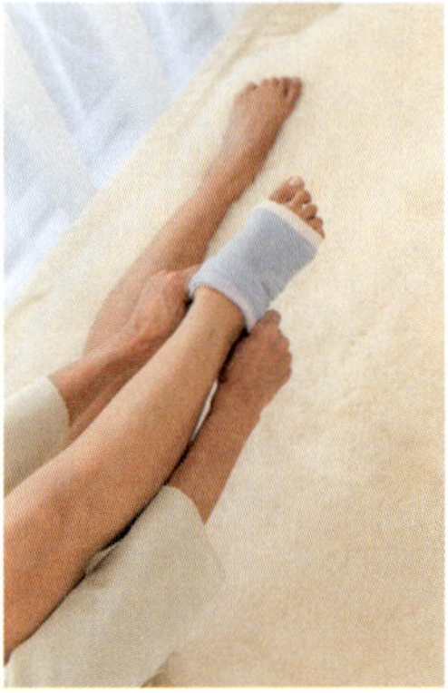

1 着圧ソックスをたぐり寄せてつま先を出します

2 かかとの位置を合わせたらそのまま余分な水分を脚の付け根に送り出すようなイメージで押し上げるように履いていきます

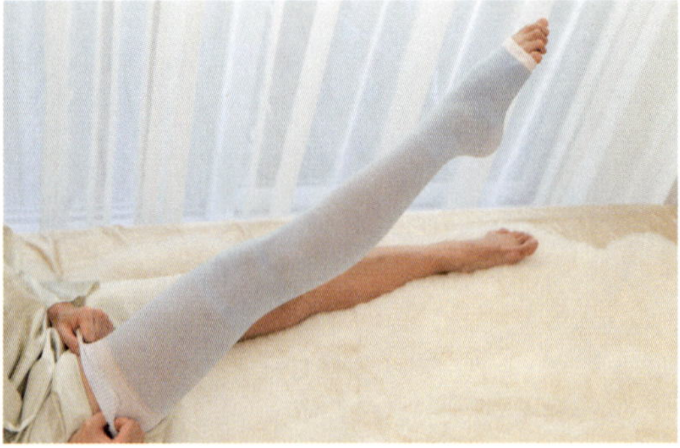

3 なるべく足先を高くしてしっかり履くのがコツ

格子先生オススメグッズ

◎睡眠用着圧ソックス

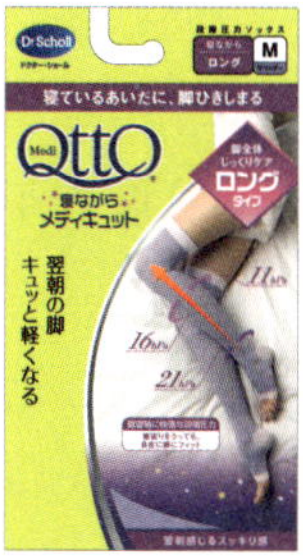

睡眠用の着圧ソックスはオープントウと低い圧力値で痛み無くスッキリ脚にしてくれます。慣れないうちはきつく感じるので余裕のあるサイズを選んでみてください。着実に翌朝の脚を細くしてくれます。
“寝ながらメディキュット”（ドクター・ショール）

◎日中も疲れ知らず！　進化する着圧ソックス

立ち仕事やデスクワークの方にオススメしたいのが日中の着圧ソックス。脚のむくみや疲れを軽減するばかりでなく、静脈瘤やセルライトも防いでくれます。
いろいろなメーカーから発売されていますが、このソックスはさらにテーピング理論で筋肉を正しい方向にサポートしながら正しい姿勢を導いてくれるというスグレモノ。私の信頼するアスレチックトレーナー杉山ちなみさんが監修されています。
“姿勢美人・着圧回旋ハイソックス”（砂山靴下株式会社）

セルフケアの大切さ

靴の中に一粒の砂が入っていても歩きにくい感じがすると思います。

このように足のゆびや足の裏は歩くバランスを取るうえでとても大切なものなのです。

私が診察しているトップアスリートは意外にみんな足の裏は柔らかく、とてもキレイです。それだけ足を大切にする意識が高い表れなのだと思います。

女性にとっても足は大切です。足の大きさにかかわらず、裸足になったときに足がタコだらけだったり、せっかくかわいいサンダルを履いてもかかとがひび割れていては「100年の恋も冷める」というもの。見た目だけでなく姿勢も悪くなってしまいます。

正しいセルフケアをして、常に正しいバランスでキレイな歩き方ができるように心がけましょう。

Part 4

もっとキレイになるために
～これを読めばあなたも
美脚のエキスパート～

キレイな歩き方、していますか？

①基本の基本

歩き方の基本はまず左右にぶれずに歩くことです。

片脚に体重が乗った状態（遊脚期）に下記のイラストのように体重がまっすぐかからないと、いろいろな所にひずみが出て、それが膝や腰の痛みの原因になることもあります。

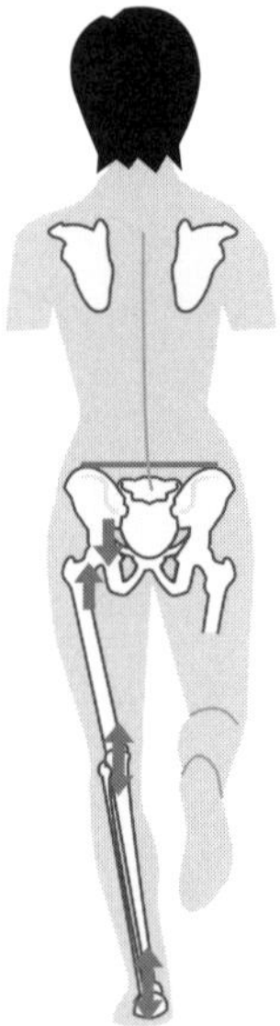

正常荷重

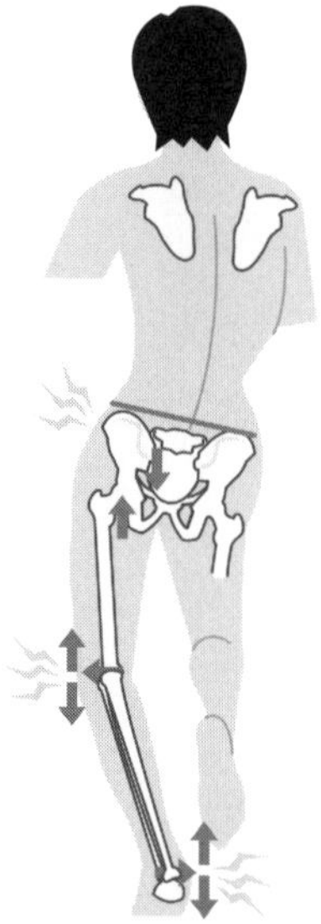

異常荷重

まず、まっすぐ荷重するために足の3点に均等に体重が乗っていることを感じましょう。

そして片脚になったときに、バランスを取るために足のゆびが曲がることなく、しっかり立てることが理想です。

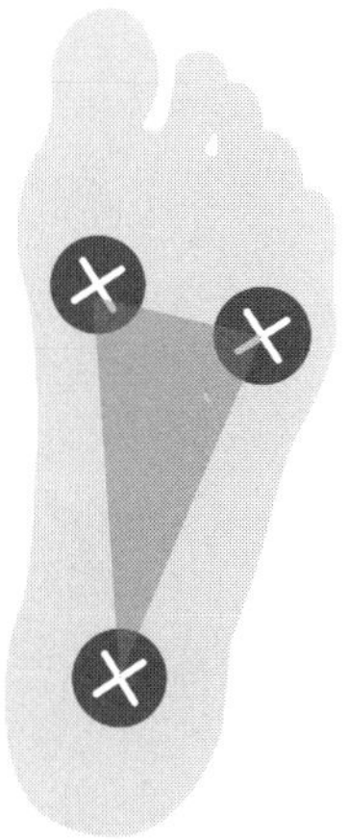

足裏の３点で体重が踏めていることを感じましょう

②キレイに歩くテクニック

キレイに歩くコツは、前かがみにならないようにすることです。

最初は壁に背をつけ、身体をまっすぐ伸ばしてから踏み出すとよいでしょう。

体重はかかとからつま先に移動します。

とくにハイヒールを履くとバランスを崩しがちです。

ハイヒールを履いているときは、前に出した膝がきちっと伸びるようにしましょう。

キレイな歩き方

姿勢良く前に出した脚がまっすぐに伸びています。
体重移動がスムーズに行えるため疲れにくいです

NGな歩き方

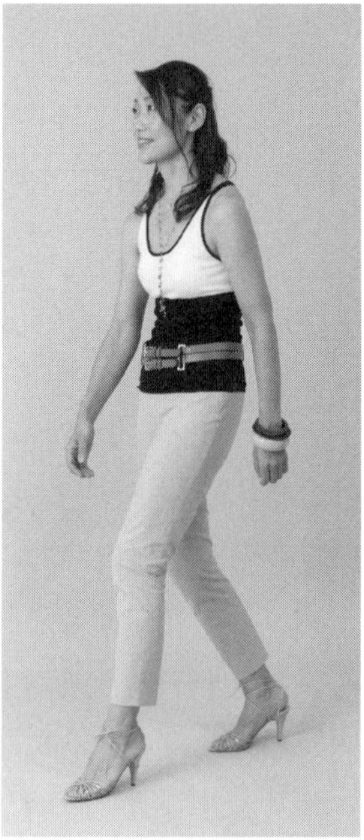

前に出した脚が曲がり、骨盤は後傾の悪姿勢。
腰や膝の痛みの原因に

キレイな座り方、していますか?

正しい座り方とは、座ったときに左右2つの坐骨に均等に体重が乗っている状態です。

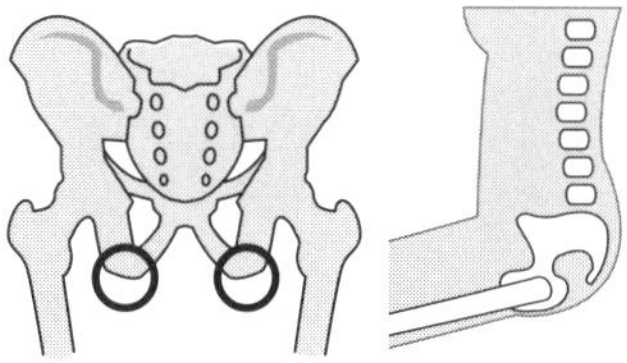

理想的な座り姿(写真左)では、見た目も良く疲れにくいため長時間キープできますが、NGな座り姿(写真右)では、姿勢が崩れているため、一見ラクそうですが疲れやすく腰痛や肩こりの原因になります。

理想的な座り姿

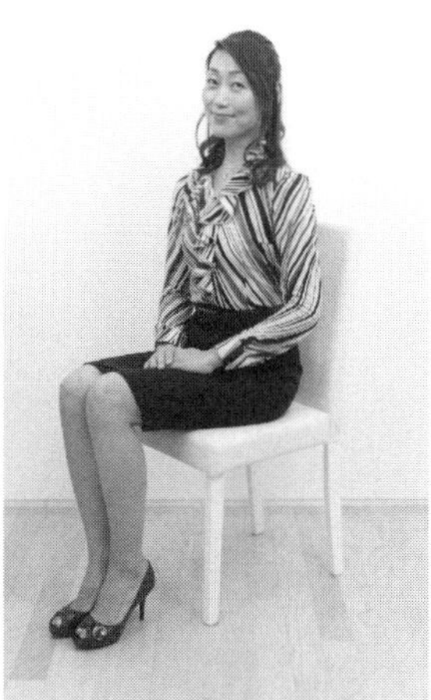

骨盤は立っていてニュートラル。体重がまっすぐに坐骨に乗り、疲れにくい

NGな座り姿

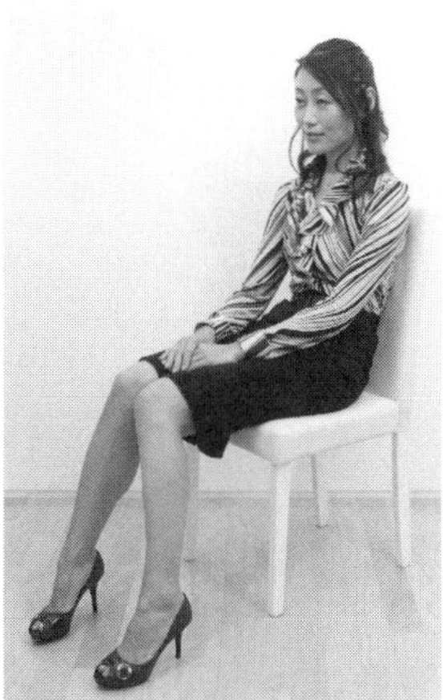

骨盤は後傾し仙骨で座っている。一見ラクそうに見えるが、腰に負担が大きく疲れやすい

理想的な座り姿のための４ステップ

骨盤が後傾してしまうと膝は自然と開いてしまいます。脚を閉じて座れない人のために誰でもできるマル秘テクニックを紹介します。

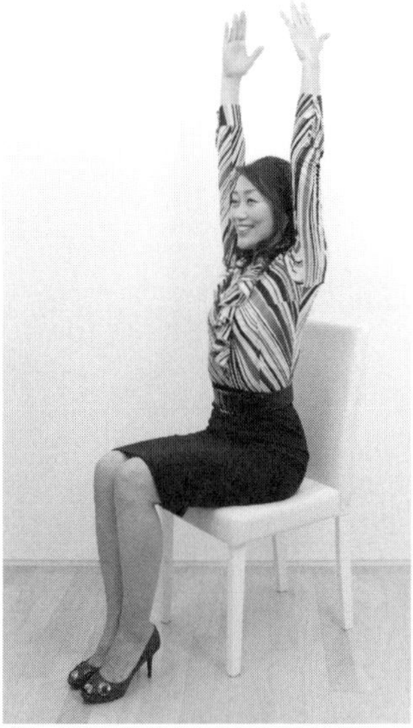

1 両手を上にあげて背骨をまっすぐ思い切り伸ばします

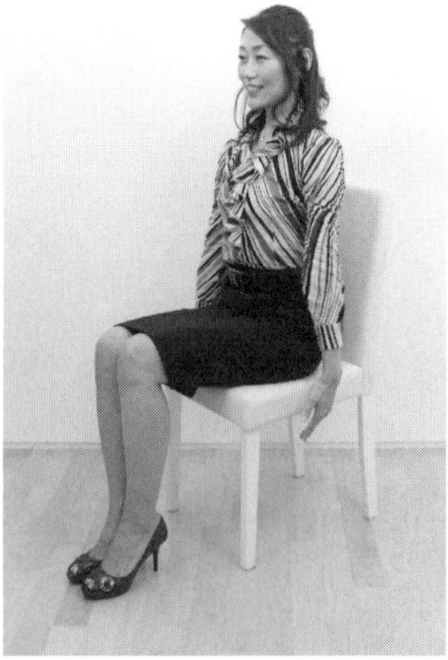

2 そのまま手をスーッと両脇に下ろします

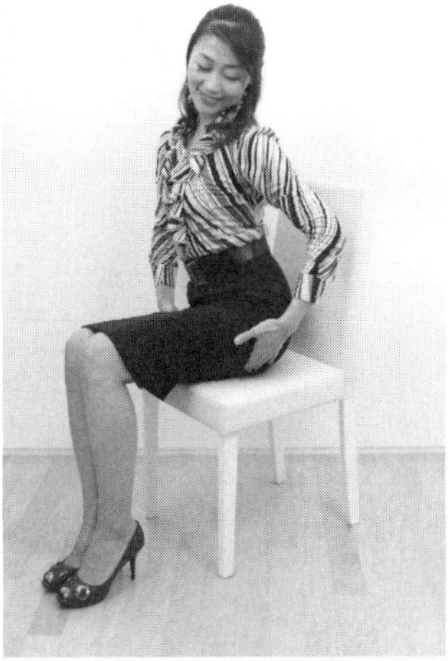

3 左右のお尻の肉をそっと入れ込みます

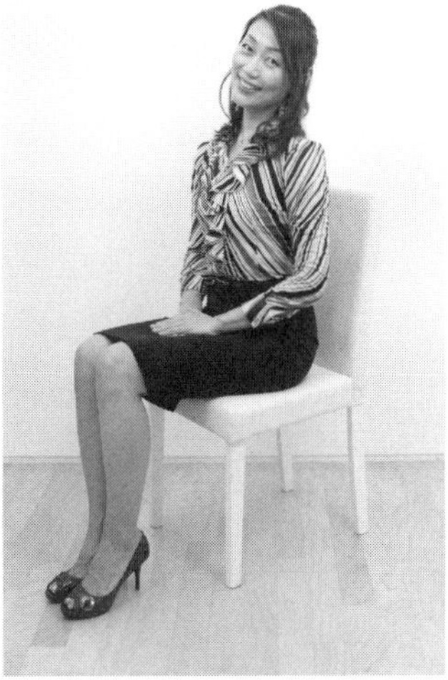

4 伸びすぎた上体から少し背骨を楽にします。骨盤位置が落ち着いてキープしやすくなります

慣れてきたらステップ1、2は手を使わずに行えるようになります。

ランニングは美脚に絶対必要か？

美脚になりたいけれど、ランニングは苦手。
そんな方も諦める必要はありません。誰もが憧れる美しいバレリーナや新体操の選手、フィギュアスケートの選手が一生懸命長距離をランニングしていると思いますか？
答えはNo.です。

つまり、あの形をつくり、維持するためにランニングが絶対必要だというわけではないのです。
もちろん、やっていけないわけではありません。

でも、ランニングだけではつくり出せないラインがあります。それは、太ももの一番太い部分が少し高い位置にある、脚がしなやかに伸びる美しいラインなのです。

美しい脚をつくるためには、まず脚をまっすぐに伸ばすことが大切です。

バランス良く毎日伸ばすだけでも、脚はだんだんキレイになるはずです。

知っておきたいセルライトのこと

セルライトとは

セルライトとは、皮下組織に溜まった、肥大した皮下脂肪の塊のことです。

とくに成人女性のおしりや太ももにできやすく、「オレンジの皮」とか「カッテージチーズ」と表現されるように、増えてくると皮膚表面が凸凹してきます。

以前は正常な脂肪と考えられていましたが、最近はこのセルライトが増えると太ももやふくらはぎの皮下組織にある血管を圧迫し、血液循環を悪くし、むくみや冷えの原因になっていることがわかってきました。

つまり、増えすぎたセルライトは美容上の問題ばかりではなく、健康にもあまり好ましくない状態、と言えます。

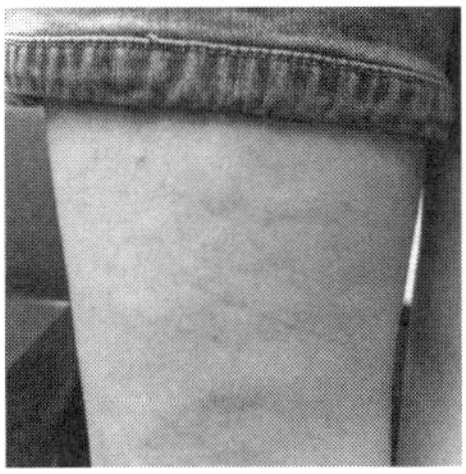

こんな風になっていませんか？

セルライトを減らすために、食事を制限する人がいますが、上半身ばかりが痩せてしまい、なかなか脚は痩せないということがあります。

これはセルライトがつくられる

メカニズムに原因があります。
　セルライトがつくられるメカニズムを知れば、予防や減らすことがよりスムーズに行えるようになります。

　セルライト生成には女性ホルモンが関与していることが知られています。また、できやすい体質とそうでない体質があり、アジア人よりも欧米人のほうができやすい傾向があります。

セルライトがつくられるメカニズム

　まず皮膚の下の脂肪について考えましょう。
　皮膚の下には皮下組織があり、この皮下組織内に溜まっているのが「皮下脂肪」です。
　さらにその下には膜を挟んで「普通の脂肪」があります。
　皮下脂肪は皮下組織にあるため、なかなかカロリーとして燃焼されません。エクササイズなどで燃焼されるのはまず「普通の脂肪」です。この普通の脂肪はセルライトにはなりません。

〈正常な組織像〉

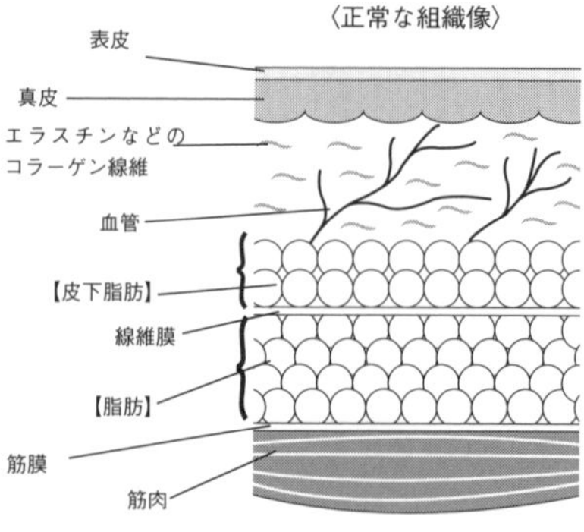

ステージ 1 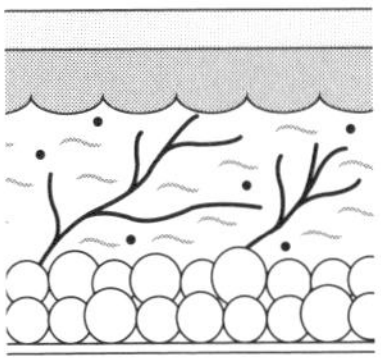	皮下脂肪が増えてくると、皮下の毛細血管がダメージを受けて、循環が悪くなり、むくんで皮下の水分が多くなってきます。この時点では変化がないように見えます。
ステージ 2 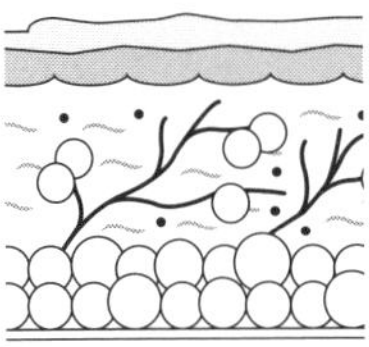	さらに皮下脂肪が増えてくると、循環の良い部分ととても悪い部分が出てきます。肥大した脂肪細胞によって血管が圧迫されさらに循環が悪くなり、皮膚へ必要な栄養分が行き渡らなくなります。この時点ではまだあまり凸凹はしていません。皮膚を指でつまんでこするとボコボコしているのが感じられます。
ステージ 3 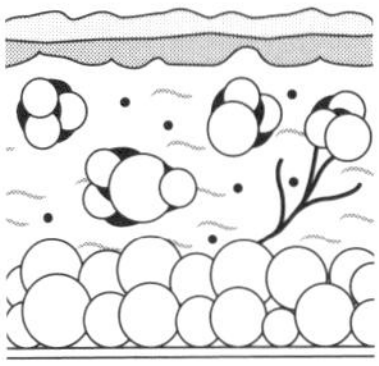	さらに進むと、循環が悪くなって栄養が行き渡らないために皮膚は薄くなり、水分と老廃物が溜まり、脂肪は硬くなった線維で覆われて、塊になってきます（セルライトの塊）。見た目では、もう指でつままなくても凹凸がはっきりとわかります。
ステージ 4 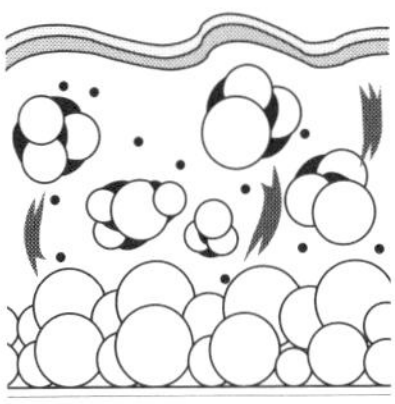	セルライト形成の最終段階です。セルライト化した脂肪はさらに硬い線維組織で覆われて硬い塊になってきます。皮下組織もダメージを受けていますので、長時間立ったり、脚を下げたりしていると痛みを感じるようになります。よりはっきりと凹凸が見えます。

つまりダイエットの途中で以下のような悪循環が起こるわけです。

少し太る→皮下脂肪がつく→血管が阻害される→むくむ→セルライトができる→痩せようと思う→普通の脂肪が落ちて、セルライトは落ちない→リバウンド→新たな皮下脂肪→セルライトができる→前より太くなる……。

セルライトをつくらない身体にするために

ではどうしたらこのセルライトの悪いサイクルから抜け出せるのでしょう？

セルライトを減らす、増やさない、つくらないためには毎日の生活習慣で以下の５つのポイントが大切になります。

1　ダメージを受けた毛細血管を改善し、循環を改善させる
2　皮膚、皮下組織のリニューアルを促す
3　皮下の余分に滞留した水分（むくみ）を除去する
4　下肢の筋肉量の維持または増量
5　脂肪を効率よく燃焼させる

では毎日の生活習慣では具体的にどんなことに気をつけたらよいか考えてみましょう。

① 食習慣における注意点

セルライトの原料になるようなものを多く摂らないようにすることは当然ですが、脚を細くしたいと思っているみなさんが陥りやすい、いくつかの過ちに気をつけてください。

●第一の過ち

痩せようと思いダイエットをするときに、炭水化物中心になってたんぱく質を摂らなくなってしまうこと。

炭水化物ばかり摂り、タンパク質を摂らないと体内は潜在的な「飢餓状態」になります。膠質浸透圧《こうしつしんとうあつ》という体内のバランスが保てなくなり、身体の中の水分は急速に毛細血管から皮下組織などの細胞間へ流れていきます。それが「むくみ」の原因なのです。

ポイント1：むくみを取りたければ良質なタンパク質をしっかり摂ること。良質なタンパク質は大豆製品や魚、鶏肉などに多く含まれています

●第二の過ち

むくみたくないので水分を制限すること。

ダメージを受けた細胞が新しく生まれ変わるには、水分が必要です。成人女性の身体は6割前後が水でできています。そして人間は一日に7～8回排尿します。

体格にもよりますが、排尿の量は一日あたり1～1.5リットル前後です。それと同じ量だけ良質な水分（甘い添加物いっぱいの炭酸飲料などではなく、できればピュアなミネラルウォーター）をしっかり摂って、細胞を毎日リフレッシュしましょう。

ポイント2：毎日1リットル前後のミネラルウォーターをしっかり飲むこと

②　細胞のターンオーバーを促す

身体の中の細胞はずっとそのままではありません。日々新しい細胞がどんどん生まれてきます。しかし肉体年齢の老化とともに、細胞の生まれ変わる（ターンオーバー）量や速度に変化が現れてきます。

こういった老化は活性酸素などが原因といわれており、この活性酸素を抑える「抗酸化物質」が予防に効果的であるとされています。

抗酸化食品というと、とても難しそうに聞こえますが、心配はいりません。以下のことを頭に入れておけば大丈夫です。

ポイント3：抗酸化物質は多くの野菜や果物に含まれる

また、喫煙やストレス、紫外線は過度になると活性酸素を増やすので、注意することが大切です。

セルライトに影響する食事や生活習慣

積極的に摂りたいもの	避けたい習慣 注意したい食品
・水 ・大豆製品（豆腐・豆乳・納豆など） ・緑黄色野菜全般 ・果物 ・トマト、きのこ、海草 ・ゴマ（ビタミンE） ・お茶（カテキン・タンニン） ・コーヒー（クロロゲン酸） ・鮭、マグロ ・鶏肉 ・ナッツ ・りんご ・ドライフルーツ（無糖のもの） ・オリーブオイル	・喫煙 ・過度の飲酒 ・睡眠不足 ・過度のストレス ・過度の紫外線 ・添加物の多い清涼飲料水 ・マーガリン ・バター ・チーズ ・スナック菓子 ・ケーキ ・上白糖 ・アイスクリーム

③ 微小循環を良くするヒント

循環を改善するには運動が一番ですが、運動が好きで習慣になっていればこの本を読む必要はないはずです。

ところで、運動不足に陥りがちな女性でもいくつかの方法があります。それは……、

●循環を改善させるオススメの下着・靴下

①着圧ソックスのようなサポートタイプの靴下は、マイクロマッサージ効果で微小循環を改善させるので、むくみ予防にオススメです。

②セルライト予防に効果のあるサポートタイプのスパッツやタイツ、ハーフパンツもオススメです。ただし、そけい部や腹部だけを締めつけるような下着は避けることが大切です。これは下肢からの血行をうっ血させてむくみの原因になるので注意しましょう。

●循環を改善させる靴

現在いくつかのメーカーからソール（靴底）に角度のついたウォーキングシューズが開発･販売されています。

これらは脚の裏のハムストリングスやひふく筋・ヒラメ筋を刺激して､循環を改善させるのを助けてくれます。

ポイント４：循環を良くするためにマッサージだけでなく、ときには靴下や靴で工夫しても OK

④ 脂肪の効率良い燃焼の仕方

脂肪は有酸素運動で燃焼させるのが一番です。もし、みなさんが有酸素運動をいくらでもできるのであれば、どんなに激しいトレーニングでも教えられます。

しかしスポーツ選手でない限り、毎日いろいろなことで忙しく、有酸素運動にわざわざ時間を割くほど暇では無い、という人も多いでしょう。そんな方は毎日少しでいいから歩くようにしましょう。あまりヒールの高い靴やきつい靴を履いていると歩くのが億劫になります。歩きやすい靴で通勤・通学し、少し歩ける時間的な余裕があれば積極的に歩きましょう。

ポイント５：余裕があれば歩くようにする

⑤ 下肢の筋肉量をコントロールするには？

下肢の筋肉は収縮することによりポンプの役割を果たし、循環を改善させてくれます。ですから健康を維持するにはある程度の筋肉が必要です。

健康な脚の筋肉はよく伸び、よく縮む筋肉であることを忘れないでください。そのためには筋トレと同じかそれ以上にストレッチが大切です。

p.34 〜 37 のストレッチを毎日の習慣にしましょう。

ポイント6：ストレッチは筋トレ以上にとても大切

【おさらい 〜ポイントの復習〜】

1 むくみを取りたければ良質なタンパク質をしっかり摂る

2 毎日１リットル前後のミネラルウォーターをしっかり飲む

3 抗酸化物質が多く含まれる野菜や果物を食べる

4 靴下や靴も工夫してみる

5 余裕を見つけて歩くようにする

6 脚を細くしたければストレッチをする

外反母趾、放っておくと危険！

外反母趾とは、親ゆびが内側に入って変形した状態を言います。

原因はさまざまですが、生活の欧米化に伴う生活習慣によるところが大きいようです。

足にはもともと縦のアーチと横のアーチがあり、それらによって3点で体重が均等に踏めるのが理想ですが、靴の中で放置された足は内在筋が衰え、アーチが消失し、本来の足の形を保てなくなってしまいます。

とくに日本人の足は横広なことが多いので、幅の狭い靴を履くと親ゆびは真ん中に寄せられて、そのまま動かなくなってしまいます。ひどくなると、付け根にバニオンという滑液包炎を形成し、痛みの原因になります。

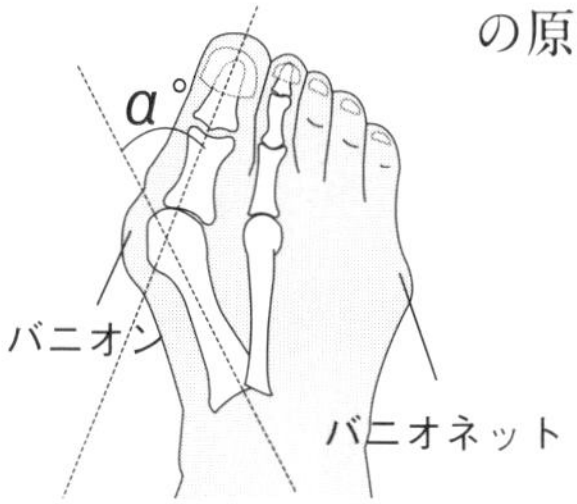

外反母趾の程度はレントゲンで外反母趾角（α）を計測します（※通常は20度未満）。
外反母趾変形が強くなると、バニオン、バニオネットといった炎症を伴う変化を呈します

予防のエクササイズはp.50の、

◎　足ゆびじゃんけん
◎　タオルギャザー
◎　足裏ほぐし

がオススメです。また、足裏ほぐしの際、ゴルフボールなどを踏んで足のゆびでつかむように力を入れるのも効果的です。

治療法としては軽度の場合はテーピング、中等度では装具、アーチサポートのインソールなどで対応します。
重症化した場合は親ゆびの付け根の骨を矯正する手術が必要になりますので、日ごろから足のゆびをしっかり動かすように心がけましょう。

自分でできる外反母趾用テーピングの仕方

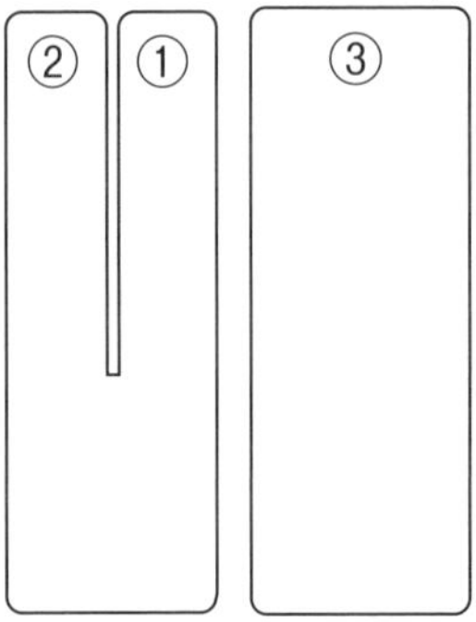

テープを左図のようにカットします。
あらかじめテープの角を丸くしておくと、はがれにくくなります。
テープは、キネシオテープなど弾力のあるテーピングを使います。
血行が悪くならないよう、引っ張りすぎないようにしましょう。

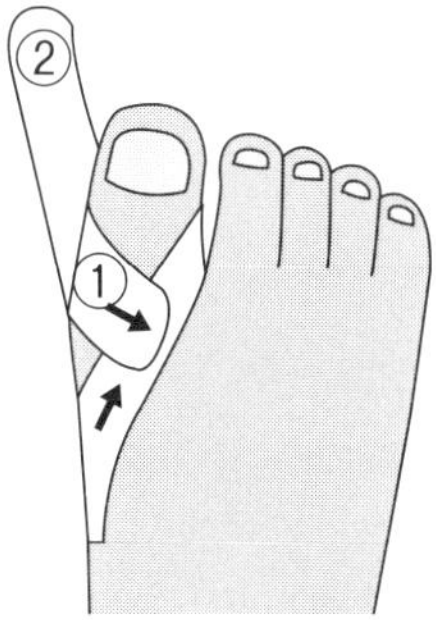

1 カットしたテープの①の部分を親ゆびに巻きつけます

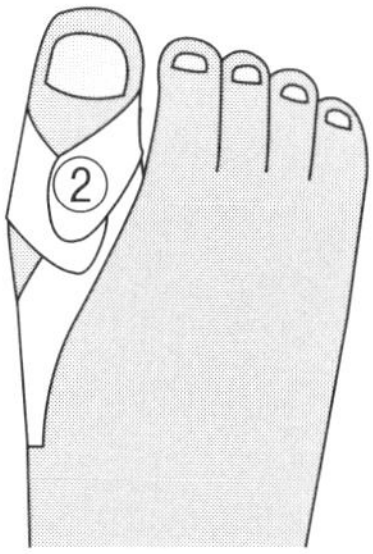

2 ②を人差しゆびの間から巻きつけます

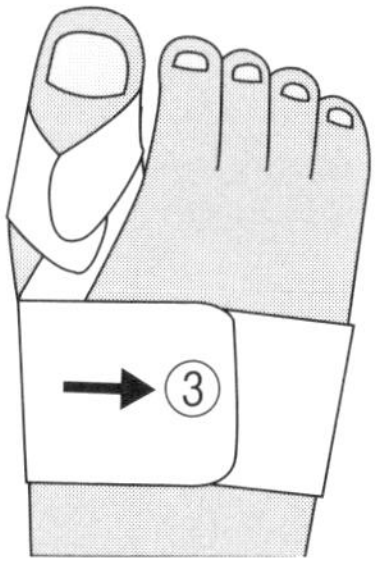

3 ③のテープを、骨が出ているところよりも手前に巻きます

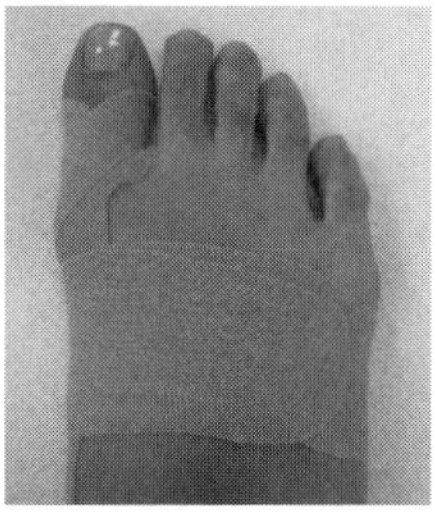

巻き爪の対処法

足の爪のトラブルで多いのが巻き爪（＝陥入爪〈かんにゅうそう〉）です。

正常な爪と巻き爪

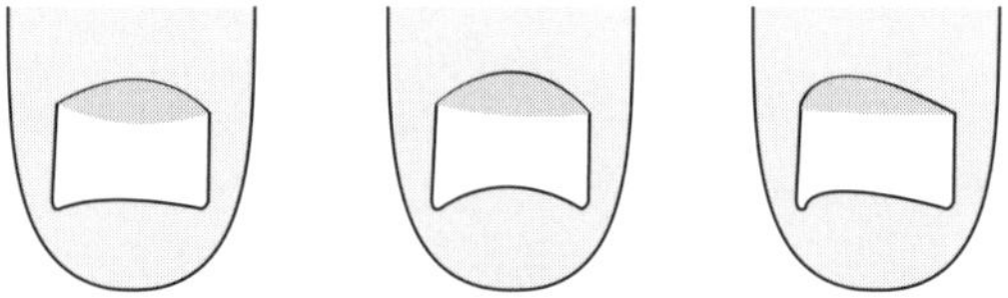

正常型　彎曲型　屈曲型

きつい靴の着用、深く爪を切る習慣、荷重の異常（p.60参照）などで起こります。

程度やタイプによって治療方法は異なりますが、早い段階で治療すれば、外科手術まで必要ない場合や、すぐに痛みが取れる方法がいろいろと考案されています。

巻き爪の治療で最も大切なことは「爪を伸ばすこと」と、痛いからといって「角を三角（斜め）に切らないこと」を心掛けることです（余計に食い込んで悪化します）。

巻き爪の治療法

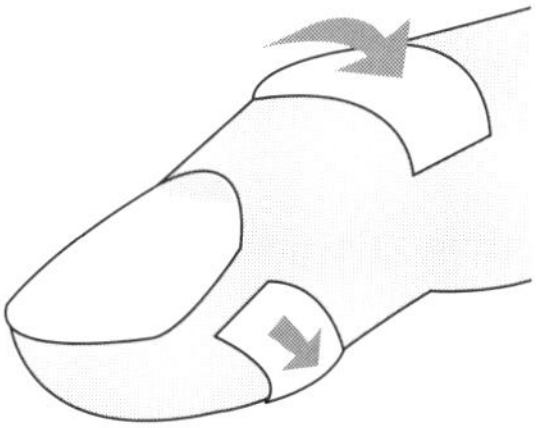

①テーピング　図のように食い込んでいるところからゆび用のテープをらせん状に巻きます。テーピングをしたら、爪を切らずに伸ばすようにしましょう。

②人工爪法　巻いた爪に薄いフィルムの下敷きなどを挟み込み、上からアクリル人工爪（スカルプチュア）を塗布します。固まったら下敷きを取ります。そのまま爪を伸ばして彎曲を矯正します。

③形状記憶合金法　最近は自分で着脱できるタイプが医科用に販売されています。治療効果も高いので、皮膚科や整形外科を受診して相談してみるといいでしょう。

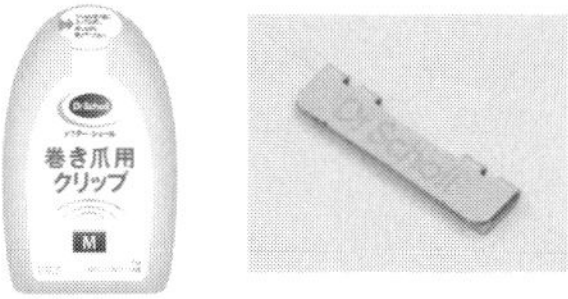

爪の先に装着するだけで、外科的な処置なしに治療できる「巻き爪用クリップ」（ドクター・ショール）

タコとウオノメの違いって？

通称タコやウオノメと呼ばれているものは角質層の防御機転としておきる角質の増殖で、サイズの合わない靴などを履いていると生じやすいようです。

タコ(正しくは胼胝《べんち》)は長時間横方向の摩擦と圧迫を繰り返して生じます。

またウオノメ《鶏眼》は長時間縦方向の圧迫が加わり円錐状に生じます。ゆびとゆびの間の骨の当たるようなところにできやすい特徴があります。

どちらも厚くなり、痛みの原因になるようであれば、取り除いたほうがいいでしょう。自分で処置をする場合はスピール膏Ⓡ（下写真参照）などを使って除去します。

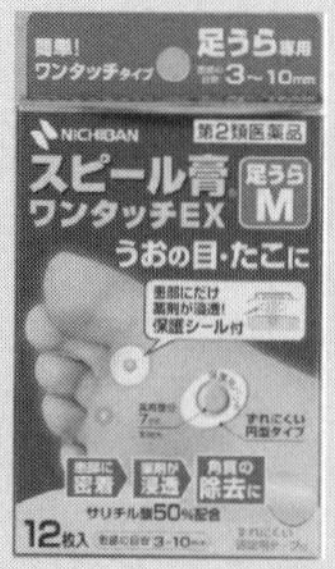

スピール膏
角質を軟らかくし、溶かす作用のある成分で、硬くなった角質を軟化させる「スピール膏」シリーズ（ニチバン）。患部に直接貼って薬剤を浸透させ、硬くなった角質を取り除きます

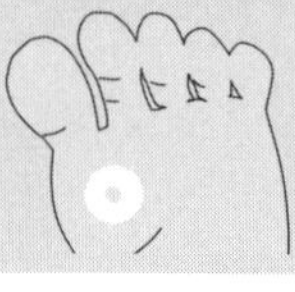

（使用例）

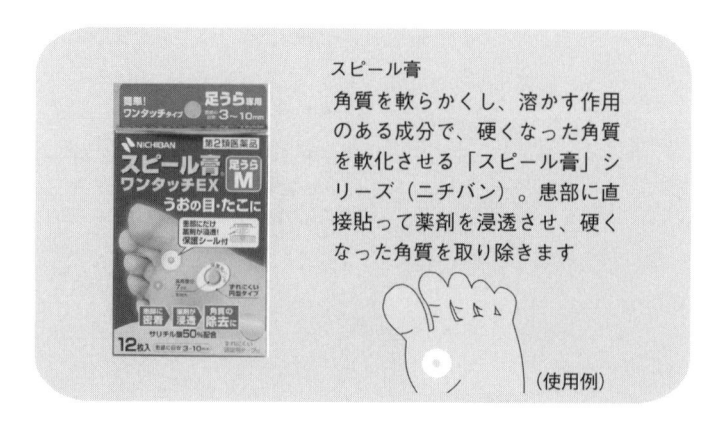

タコ

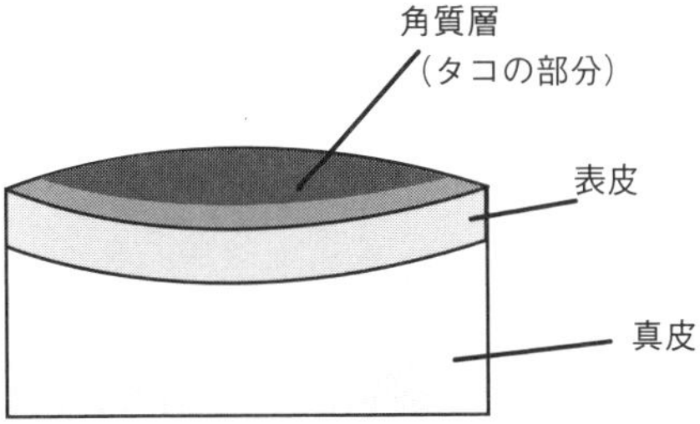

足の裏の突出しているところなどにできやすい。横方向の摩擦と圧迫で生じる。患部の中心に"しん"が無いため、押さなければあまり痛くないのが特徴。

ウオノメ

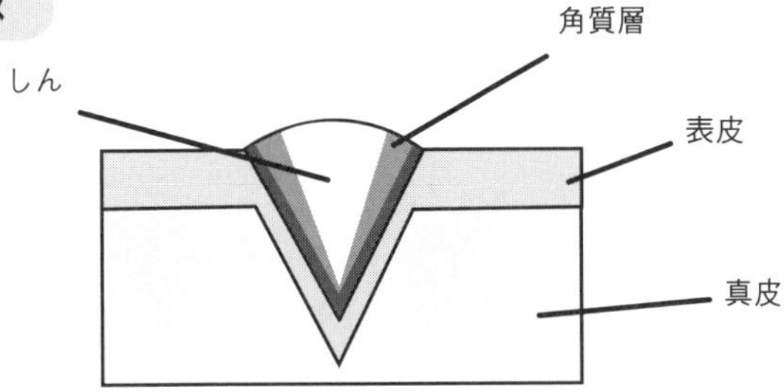

円錐状のため、英語では「corn コーン」と呼ばれる。足の裏の突出したところや指のふち、指の間などに多く見られる。患部の中心に"しん"ができるため、圧迫されると強い痛みを伴う。

タコやウオノメを予防するには、よくフィットする靴選びと、歩行時の正しい重心移動が大切です。

ナマ脚の障害となる ムダ毛と上手に付き合う方法

ムダ毛ケアにはさまざまな方法があり一長一短です。正しいケアの方法を知り、自分に合った方法を選びましょう。

カミソリ

最も安価で手軽だが、角質や皮膚を傷つけないように注意が必要。

<注意点>

◎必ずガードのついたカミソリを使うこと

◎逆剃りをしない（膝から足首に向かって剃るように）

◎剃った後はキレイに洗って保湿剤を塗る

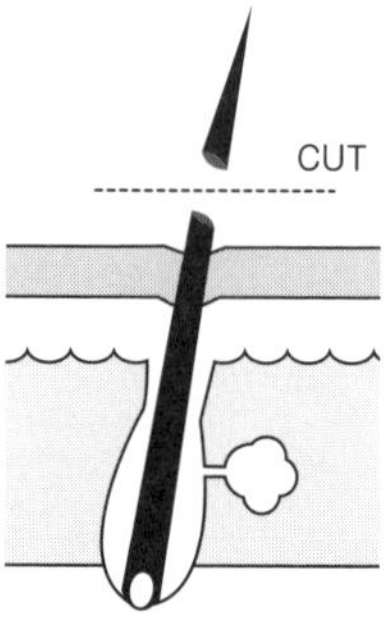

カミソリでの処理イメージ

除毛クリーム

安価で手頃だがタンパク質を溶かすため、皮膚の弱い人は皮膚障害を起こす可能性あり。要注意。

〈注意点〉

◎目立たないところでテストしてから使用すること。皮膚の弱い人はとくに塗布時間など注意が必要

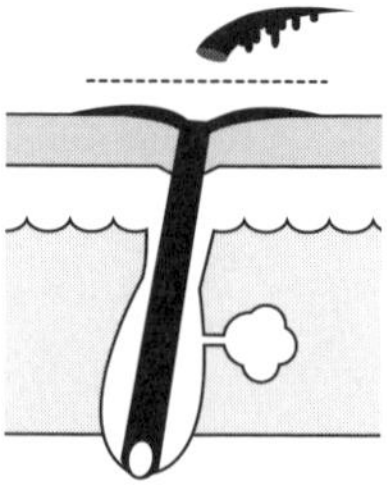

除毛クリームでの処理イメージ

電気脱毛器

やや高額なため初期投資が必要。
最も肌に負担が少なく仕上がりもキレイ。
最近は性能が上がり痛みも少ない。

〈注意点〉

◎肌に押し当てて脱毛するものなので、あらかじめ長すぎる毛は３～5㎜程度にカットしておく

◎脱毛後、埋没毛（毛の先端が皮下でトグロを巻く状態）になることあり

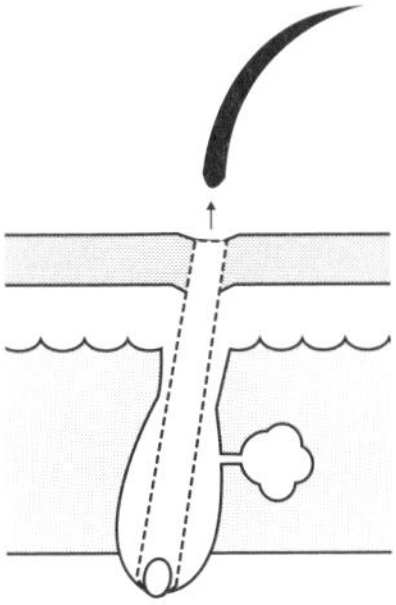

電気脱毛器での
処理イメージ

永久脱毛

最も高額。
医療機関でのみ許可されている医療レーザー脱毛やエステでの電気脱毛などがあり、いずれも毛根部の毛の元となる毛母細胞を破壊して毛が生えてこないようにする方法。

〈注意点〉

◎エステティックサロンで価格、メリット、デメリット、注意点をよく聞き、納得したうえで施術を受けましょう

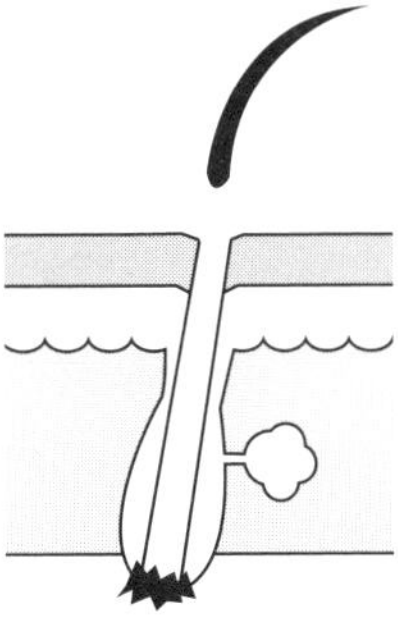

永久脱毛での
処理イメージ

靴選びのポイント

基本的に必ず試着してから選びましょう。

お気に入りの靴を履くのが一番ですが、流行のデザインやヒールの高さにとらわれすぎてサイズの合わない靴を履いていると、靴擦れやウオノメ、外反母趾など足のトラブルの原因になりますので注意しましょう。

ウォーキングシューズ・ローファーの場合

＜サイズ＞　たてのサイズに人差し指の幅くらいの余裕（捨て寸）がつま先にあるものを選びましょう。横幅は足の付け根の土踏まずの部分がぴったり合い、トウボックス（前足部）は余裕があるものを選びましょう
＜紐靴の場合＞　試着したときに紐を通す部分（外羽根）が全部閉まってしまうものはあとで調節できません。多少の開きがあるものを選びましょう
＜かかと＞　ヒールカップがしっかりしているものを選びましょう
＜ソール＞　指先のかえりのよいものを選びましょう
〈注意点〉土踏まずやかかとのところまで曲がってしまうような柔らかい靴は足が泳いでしまい疲れや捻挫の原因になります。注意しましょう

パンプスなどの場合

〈サイズ〉たてのサイズに捨て寸があり横幅（ワイズ）にも余裕があるものを選びます
〈フィット感〉アーチラインがしっかりフィットし、ふち（トップライン）がくるぶしに食い込まないものを選びましょう
〈試着ポイント〉必ず少し歩かせてもらい、かかと、履き口、トップラインがぶかぶかしていないものを選びます
〈注意点〉試着した段階で隙間ができる場合、サイズが合っていません。長く履いていると靴擦れの原因になりますので注意しましょう

一般に日本人は甲高幅広の形の人が多い傾向がありますが、小さいころから靴を履いている若い世代には、甲の低い幅狭い足の人が増えています。

●幅はＥ表示でＥＥ，ＥＥＥとＥが増えるほど幅が広くなるので、幅広の人は、よく選びましょう。また指先の部分が浅くて狭い靴は痛みや外反母趾の原因になるので注意しましょう。

●甲が低く幅狭な足の人は、幅が狭くて浅いタイプのインポート物などが合うことが多いでしょう。サンダルなどではどんどん前にゆび先が滑っていってしまい、痛くなることがあります。紐やベルトで甲の部分をしっかりサポートしてくれて、前すべりを防ぐような靴がオススメです。

記録を取りましょう

エクササイズとあなたの身体の記録を取ってみましょう。

	美脚 コース1	美脚 コース2	美脚 コース3	美脚 コース4	美脚 コース5
記入例	✓	✓	✓	✓	✓
1日目					
2日目					
3日目					
4日目					
5日目					
6日目					
7日目					
8日目					
9日目					
10日目					
11日目					
12日目					
13日目					
14日目					

実施したエクササイズにチェックを入れて、
エクササイズ後の計測結果も記入してみてください。
まずは2週間、トライしてみてくださいね。

美脚 コース6	セルフケア 1	セルフケア 2	セルフケア 3	太もも	ふくらはぎ
✓	✓	✓	✓	cm	cm
				cm	cm
				cm	cm
				cm	cm
				cm	cm
				cm	cm
				cm	cm
				cm	cm
				cm	cm
				cm	cm
				cm	cm
				cm	cm
				cm	cm
				cm	cm
				cm	cm

あとがき

2010年の夏に前作「女医が教えるマジカルエクササイズ」の出版のお話をいただいてから、早くも1年が経ちました。

私のモットーとする「健康であることが美しい」「痩せるのは形が整ってから。本当に必要なときだけする」というコンセプトには、多くの方に共鳴していただき、大変うれしく思っています。

今回は「美脚」ですが、これも、ただ見た目に美しいのが目的ではなく、骨格・筋肉バランス・荷重・循環などのすべてが整って初めて、本当の「美脚」と言えると考えています。

まずは「脚の健康」を基本に、前半は「エクササイズと毎日のケア」。そして後半は「あし【足と脚】の健康を保つ基本的な知識」について、一般の方でもわかりやすく、正しいケアができるように構成してみました。

より多くの方に難解な医学理論をわかりやすくするた

めに、今回も懲りずに私自身がモデルとなるだけではなく、筋肉や脚、組織などイラストの原画も自分で描いて、イラストレーターの方と細部まで打ち合わせをさせていただきました。

いまでは、年甲斐もなく膝上スカートやショートパンツをはいたりしていますが、実は私も、中学生時代から太い脚に相当なコンプレックスを持っていた一人でした。大学生のとき、お風呂あがりに鏡に映した自分の太ももの裏に、いままで見たことのない醜いしわが横に走っているのに気がつきショックを受けました。これがセルライトでした。

その後、さまざまなことを試しました。筋トレ、ダイエット、ランニング……いろいろなセルライトケアの商品も試し、10数年前からは毎日、もっとも効果があると思うケアをしています。セルライトはまだ少し残ってはいますが、あのころのようなひどい状態ではなくなりました。

しかし、いまでも長時間立っていたり、遠征で長いフライトになったりすると、自分の脚とは思えないくらいパンパンになることがあります。そんなときは、根気よくケアをします。自分の脚が好きだから、毎日大切にケアをしてあげるのです。そうするとちょっとした変化にも気づいて、本当にひどい状態にはならなくなります。

自分の脚に自信が持てると、いろいろなファッションも楽しめますし、何よりも健康な脚でいると、痛みなく、疲れにくく、身体全体が健康でアクティブに生活できるようになります。

そんな私の体験も含めて書き上げた本ですので、ぜひ年齢を問わず多くの方に実践していただけたら幸いです。

最後にこの本の作成にあたってアドバイスをいただいた敬愛する上田由紀子先生をはじめ、お世話になった皆様方に深謝いたします。

この本を手に取ってくださった皆様が、健康な美しい脚で、今日から毎日素敵な一歩一歩を歩んでいただけたら幸いです。

著者

[参 考 文 献]

1.スポーツと皮膚　上田由紀子　文光堂

2.皮膚科外来診療スーパーガイド　上田由紀子、畑三恵子編著　中山書店

3.碓井良弘：陥入爪　新時代の整形外科治療5：162-72（1992）

4.Howard Murad: The Cellulite Solution

5.Mitchel P. Goldman, Doris Hexsel :Cellulite:Pathophysiology and Treatment 2nd Edition

［ 著 者 紹 介 ］

中村格子 なかむら・かくこ

医師、医学博士、スポーツドクター

- ――国立スポーツ科学センター医学研究部研究員
- ――昭和41年9月生まれ。横浜市立大学医学部卒業。
  卒業後、同大学整形外科学教室入局、同大学大学院医学専攻科卒業
- ――横浜市立大付属病院、厚生連相模原協同病院、
  横須賀北部共済病院勤務の後、自治医科大学整形外科入局、
  同大学講座助手（助教）。日光市民病院整形外科科長、
  自治医科大学整形外科非常勤講師を兼任し、現在に至る

▶ 主な資格

日本整形外科学会専門医
日本整形外科学会認定スポーツドクター
日本体育協会公認スポーツドクター
日本オリンピック協会医学サポート部会員
日本NSCA協会認定CSCS（ストレングス＆コンディショニングスペシャリスト）
JADA認定DCO（ドーピングコントロールオフィサー）
など

▶ 競技団体と活動

日本スケート連盟医事委員　JOC強化スタッフ
日本代表チームドクターとして、世界選手権、ワールドカップなど数多く帯同
（アメリカ・カナダ・オランダ・ドイツ・ノルウェー・中国など）
日本体操協会医科学委員
新体操日本代表（フェアリージャパン）チームドクターとして帯同
全日本テコンドー協会医科学委員
栃木県体育協会　スポーツ医科学委員

▶ 主なスポーツ歴

水泳、ハンドボール、トライアスロン、軟式・硬式テニスなど

女医が教える　マジカル「美脚」エクササイズ

2011年　7月24日　　第1刷発行

著　者　　中村格子
発行者　　八谷智範

発行所　　株式会社すばる舎リンケージ
〒170-0013
東京都豊島区東池袋3-9-7　東池袋織本ビル1階
TEL 03-6907-7827　FAX 03-6907-7877
http://www.subarusya-linkage.jp/

発売元　　株式会社すばる舎
〒170-0013　東京都豊島区東池袋3-9-7
東池袋織本ビル
TEL 03-3981-8651(代表)03-3981-0767(営業部直通)
振替 00140-7-116563
http://www.subarusya.jp/

印　刷　　ベクトル印刷株式会社

落丁・乱丁本はお取り替えいたします。

ISBN978-4-7991-0045-5 C0095

すばる舎リンケージ好評既刊案内

女医が教える マジカルエクササイズ

The Magical Exercise

中村格子・著　1890円（税込）　ISBN：9784883999767

大絶賛
発売中

わかりやすい
DVD付